F. Ceresa
en collaboration avec R. Ghetti

LEÇONS D'AÏKIDO

ÉDITIONS DE VECCHI S.A.
52, rue Montmartre
75002 PARIS

À Eleonora

Remerciements à Ivana et Beppe pour leur disponibilité
Merci à Jean-Luc pour son aide précieuse

Traduction de Céline Vielfaure

Photographies de M. Giberti

Imprimé en Espagne

INTRODUCTION

L'aïkido est un art martial fascinant, une discipline qui, tout en puisant aux racines de l'ancienne culture et tradition japonaises, transmet les nouvelles valeurs éthiques et morales de la société contemporaine. Le fait que l'aïkido soit né au Japon doit être pris en considération si l'on veut comprendre l'essence même de cet art. Deux choses essentielles, en particulier, apparaissent : la première est que le pratiquant, en simulant le combat, utilise l'aïkido comme un moyen de s'exprimer et de se positionner par rapport à la réalité qui l'entoure. On peut dire que, dans le combat qui l'oppose à son adversaire, il se reconnaît, il se découvre lui-même et vit. La deuxième considération, tout aussi importante, est la suivante : l'aïkido vient d'un substrat culturel japonais et est le produit concret et culturel d'un temps, d'une réalité et d'un patrimoine de connaissances extrêmement différents des nôtres.

La vraie difficulté d'apprentissage ne réside donc pas tant dans l'exécution des figures proprement dites ou dans la pratique au dojo (lieu d'étude de la méthode) que dans la capacité à comprendre et à accepter une pensée, une culture et une réalité différentes des nôtres. L'élève, en effet, doit ouvrir son esprit et sonder des concepts totalement nouveaux et abstraits pour lui.

L'homme occidental est habitué à croire en ce qu'il voit et ressent, à obtenir des résultats concrets pour chaque tâche accomplie. Or, dans le dojo d'aïkido, il est invité à écouter ce en quoi il ne croit pas et à croire en ce qu'il n'éprouve pas, à vivre la pratique non pas en fonction d'un résultat mais à évoluer en fonction de lui-même. On demande à son esprit de changer, de se modifier et d'abandonner en partie ses repères, de partir sans hésitation pour un voyage qui approfondira la recherche du Ki (l'énergie vitale) à l'intérieur de lui-même et de la réalité qui l'entoure.

C'est cette difficulté même à accepter un tel changement personnel qui, trop souvent, a incité les Occidentaux à modifier et adapter les arts martiaux japonais, les simplifiant jusqu'à en faire de simples disciplines sportives. L'objectif premier n'est plus alors la recherche de l'esprit et du geste martial comme une fin en soi mais la victoire en compétition, réalité typique de notre culture occidentale, avec pour élément principal la domination d'un adversaire sur l'autre.

Dans l'aïkido, on a cherché à garder avant tout les caractéristiques de l'art martial d'origine. Cela a été rendu possible par la volonté des maîtres qui, dans leur

effort pour défendre la discipline, on préféré maintenir l'esprit d'archétype, en l'isolant volontairement du circuit des disciplines martiales plus connues.
L'aïkido a su ainsi préserver sa spécificité technique et philosophique, en excluant tout esprit de compétition. L'objectif fut et demeure la recherche d'une croissance en toute chose, harmonieuse et permanente, et non pas une affirmation momentanée comme peut l'être une victoire en compétition. L'objectif de l'aïkido est stratégique : on y recherche l'équilibre et la gestion de l'énergie dynamique qui court entre les pôles opposés, entre lesquels prend place la réalité.
Aïkido, en japonais, signifie « la voie » (do : voie) par laquelle apprendre à harmoniser (aï : union, harmonie) l'énergie (ki : énergie) et, ainsi, tous les aspects de la réalité où nous évoluons.
La racine philosophique et spirituelle dont découle, en grande partie, la culture extrême-orientale est complètement différente de celle qui fonde notre société occidentale. Cette dernière, née de l'union des trois éléments fondamentaux que sont la spiritualité judaïque, la philosophie helléniste et le pragmatisme romain avec le christianisme, conçoit la réalité selon deux principes opposés et contrastés : bien/mal, corps/pensée, esprit/chair, haut/bas, jour/nuit, beau/laid, plein/vide etc. La culture occidentale intègre cette réalité en apposant une signification positive à l'un des deux pôles de chaque « couple », l'autre pôle prenant alors une valeur négative.
C'est ainsi que le monde occidental poursuit inlassablement son rêve utopiste, celui d'un monde habité seulement par le bien, où le plaisir pourrait exister sans la douleur, où les ténèbres sont bannies au bénéfice de la lumière, où le « beau » est idéalisé et le « laid » condamné, où le plein est seul considéré et le vide méconnu. Enfin, la perfection est incarnée par l'atteinte de l'une de ces dimensions spécifiques de la réalité, avec l'espoir que l'autre disparaisse totalement.
L'absurdité d'une telle pensée saute aux yeux dès que l'on considère le fait, irréfutable, qu'un aspect déterminé de la réalité se définit précisément en fonction de son contraire. Comment, en effet, définir la lumière en l'absence de ténèbres, le plein sans le vide, le bien sans le mal ?
De là découle alors :
– la frustration, née de cette rencontre inévitable avec le pôle opposé de toute réalité ;
– une croyance ancrée dans l'existence d'un monde réel ultra-concret et matérialiste et d'un paradis fait exclusivement de beau, de bon, de lumière...
Dans la culture des arts martiaux orientaux la réalité est bi-dimensionnelle ; la vie naît de l'alternance entre les deux pôles opposés entre lesquels l'énergie se déplace grâce à sa nature différente (comme l'eau qui, pour circuler, nécessite deux plans de hauteur différente ou encore l'électricité qui passe du pôle négatif au pôle positif).
Le point culminant n'est pas la victoire d'une force sur une autre mais l'atteinte d'un équilibre dynamique qui respecte l'existence des deux.

Pour ce mode de pensée, les deux aspects bi-dimensionnels de la réalité ont une valeur identique et le même droit à l'existence, plus encore, ils ne sont que les deux aspects d'une seule et indicible réalité. Seuls les systèmes de valeur et moyens de percevoir cette réalité sont, eux, multiples et variés.
Dans l'aïkido, cette conception de la réalité comme un tout est connotée par la discipline même.
Dans l'exécution des techniques, les deux pratiquants représentent les deux réalités opposées et contrastantes : l'une attaque et l'autre est attaquée. L'énergie qui, dans ce cas, s'incarne dans l'agressivité, naît de l'un des deux sujets et va se porter sur l'autre.
D'ordinaire, la réaction instinctive à cette action est de répondre par l'agressivité, ajoutant la violence de riposte à la violence initiale. Cette attitude n'est pas constructive. En effet, stopper l'agression et endommager l'agresseur, sans tenir compte de ses motivations, a pour effet un résultat certes immédiat mais partial. C'est une réponse animale (attaque ou fugue) sans possibilité d'évolution, une réponse fermée qui ne permet pas un réel échange d'énergie et se caractérise, en substance, par l'incommunicabilité.
La réponse de l'aïkido à une action violente, en revanche, est de respecter l'agresseur en laissant son action s'atténuer jusqu'à s'éteindre, ce qui est bien plus complexe que le simple schéma « défaite/destruction » du « méchant ». Le pratiquant apprend, physiquement et mentalement, à ne pas subir la violence de l'agresseur et à éviter la ligne directe d'attaque en « se vidant » par des déplacements et rotations du corps, afin de ne pas offrir à l'assaillant de plan sur lequel décharger son énergie.
On peut dire que l'aïkidoka doit être comme l'eau : offrir un minimum de résistance quand il est traversé par un corps solide tout en étant capable de le briser lorsqu'il libère son énergie. Enfin, il doit pouvoir s'adapter aux espaces vides qui l'entourent. La perfection est atteinte dès lors que, grâce à une pratique constante, cette attitude physique devient aussi une attitude mentale. L'esprit atteint un tel niveau « d'extériorité » qu'il peut se remplir et se vider en s'adaptant à la situation extérieure, en la contrôlant, sans affrontement et sans se fermer.
L'absence de cette indispensable cohésion corps-esprit conduit à une exécution de l'aïkido purement technique, une répétition mécanique et stérile de mouvements conventionnels. Ce genre d'exécution sommaire de l'aïkido ne pourra dépasser les limites d'un dojo (lieu qui représente lui aussi, d'une certaine manière, une vue très partielle de la réalité) car il est inapplicable dans la réalité dynamique et changeante de la vie.

L'aïkidoka réussit à obtenir un résultat optimal moyennant une dépense minimum d'énergie en respectant les lois naturelles, s'adaptant et laissant l'agresseur se mettre lui-même en difficulté par sa propre force. Il évite ainsi que l'affrontement ne croisse de manière exponentielle et, par là même, une démultiplication incontrôlable de la violence.

Néanmoins, n'oublions pas que l'aïkido reste un art martial. Le pratiquant n'a rien du martyr prêt à sacrifier sa personne sur l'autel de la violence ; c'est au contraire un individu qui peut choisir, une personne capable de combattre mais aussi de pacifier, de réprimer comme de comprendre. Selon la situation où il se trouve, il a la possibilité de choisir le comportement à appliquer et, ainsi, devient le maître de sa propre réalité avec des choix qui dépendent de lui-même et non des autres.
L'objectif de l'aïkido n'est pas la victoire, car celle-ci laisse toujours derrière elle un vaincu qui, fatalement, nourrira une aversion contre le vainqueur, avec désir sous-jacent de vengeance. L'aïkido a pour but la « co-victoire » ou « victoire ensemble », faisant en sorte que l'agresseur soit vaincu par sa propre force, ce qui réveillera en lui la curiosité, la stupeur et le doute. Il se demandera si, tout compte fait, la violence était vraiment la meilleure stratégie à adopter pour résoudre des contrastes.
Dans l'aïkido, la violence n'est jamais une fin en soi. À la base du rapport entre individus, on trouve la communication, l'échange qui permet de se connaître soi-même et de connaître son prochain, la connaissance qui mène à la découverte de la valeur et, par conséquent, au respect de ses semblables, enfin à la conscience de ne faire qu'un avec la réalité qui nous entoure. Par une attitude « fermée », en revanche, on n'obtient que la peur, l'ignorance, la généralisation et l'impossibilité de se reconnaître dans les autres, tout cela menant à l'affrontement destructif et stérile.

COMMENT UTILISER CE LIVRE

Vous seront décrites dans les pages de cet ouvrage, photographies à l'appui, les prises et principales attaques, ainsi que les techniques de base de défense utilisées en aïkido. Selon la convention, le pratiquant qui exécute l'action d'attaque sera désigné sous le nom de **Aite**, et celui qui se défend et éventuellement contre-attaque sera appelé **Tori**.
La pratique dans un centre spécialisé, sous la tutelle d'un enseignant qualifié, est indispensable pour tout apprentissage de l'aïkido. Ce livre peut être un bon complément pour l'élève qui débute ou éveiller la curiosité du néophyte.
Dans les deux cas, il vise à propager une meilleure connaissance de cet art.

e = è	**w** = (oua)
u = ou	**h** = toujours aspiré
y = i	**ch** = tch
g = toujours dur (y compris devant *E* et *I*)	**sh** = légèrement chuintant
j = dj	**tsu** = tsou

HISTORIQUE

MORIHEI UESHIBA

L'aïkido a deux pères :
– Morihei Ueshiba, le fondateur. C'est lui qui détermina l'essence même de l'art et ses principes de base. Comme beaucoup de grands créateurs, néanmoins, il n'eut pas particulièrement à cœur de propager l'art qu'il avait créé ;
– Kisshomaru Ueshiba, le fils, fut à l'origine du « phénomène » aïkido.

Morihei Ueshiba naît le 14 décembre 1883 à Tanabe, dans la péninsule centre-méridionnale de la principale île japonaise.
Fils d'un petit propriétaire terrien, il déménage en 1900 à Tokyo où il ouvre un petit commerce.
Il travaille le jour et, le soir, pratique le ju-jitsu à l'école de Kito-Ryu. Atteint du béribéri, il s'en retourne à Tanabe et, après s'être remis de sa maladie, entame un programme de remise en forme physique qui le rend plus vigoureux.
En 1903, il est à Sakaï où il étudie l'art de l'épée à l'école Yagyu-Ryu.
Il s'enrôle comme volontaire dans la guerre qui oppose la Russie au Japon où il fait preuve de quasi-virtuosité dans l'art de combattre.
Congédié à la fin de la guerre, il retourne à Tanabe où il étudie le judo avec le maître Takagi.
En mars 1910, il part pour l'île d'Hokkaido avec un groupe de pionniers qu'il guide et conseille dans l'art de cultiver la terre. Il rencontre Sokaku Takeda à l'école Daito-Ryu de ju-jitsu et étudie auprès de lui

Morihei Ueshiba, fondateur de l'aïkido

de 1914 à 1915 avant d'obtenir, au final, le diplôme de maître.
En 1919, appelé au chevet de son père malade, il rencontre Onisaburo Deguchi, figure spirituelle et charismatique de la secte Omoto Kyo. La rencontre se révèle cruciale pour Morihei, qui est en quête de nouvelle lumière morale et spirituelle pour conduire sa vie. Il s'installe alors à Ayabe, aux alentours du temple de l'Omoto Kyo, et enseigne le ju-jitsu aux membres de la secte.
En 1924, Morihei, le révérend Deguchi et quelques membres de l'Omoto Kyo partent secrètement pour la Mongolie avec l'intention de fonder une nouvelle communauté, basée sur des règles de paix et d'harmonie. Capturés par les soldats de l'armée chinoise, ils sont condamnés à mort, mais la diplomatie japonaise les sauve et les rapatrie.
Une sensibilité accrue envers les différentes étapes de la vie alliée à une propension naturelle à l'introspection ont développé chez Morihei un sixième sens qui lui fait deviner les trajectoires des coups de l'adversaire et éviter facilement toute attaque. Cette perception se révèle de manière retentissante lors d'un épisode de sa vie : en 1925, Morihei, mis au défi par un officier de marine, sort vainqueur du combat sans même avoir touché son adversaire, simplement en évitant tous les coups de l'épée de bois. Ce dernier finit par tomber à genoux devant Morihei et par se rendre.
Après ce duel, Morihei se retire dans un jardin pour se rafraîchir et, là, il fait une expérience mystique : il prend conscience, dans tout son être, de l'unité de l'univers dans toutes ses formes, de l'intime harmonie de toute chose, de l'inutilité de la haine et de la grande force unificatrice de l'amour. Il acquiert alors une autre vision de la réalité et de la vie, une vision supérieure qui aura une influence considérable sur son art martial. Cet art commence, dès lors, à évoluer et à se délimiter dans ses aspects spécifiques.
Au cours de l'année 1927, l'amiral Takeshita invite Morihei à Tokyo. Car notre fondateur, et son art, connaissent déjà une certaine popularité. Morihei dispense son enseignement aux membres de la Garde Impériale (tous pratiquants de haut niveau dans d'autres arts martiaux) ainsi qu'auprès de l'académie navale. L'affluence croissante d'élèves à son cours contraint le maître à changer régulièrement de dojo.
Avril 1931 voit la construction d'un dojo de 80 tatamis (tapis de sol pour la pratique) baptisé Kobukan, qui deviendra le siège officiel de la pratique de l'aïkido. À cette époque, d'autres dojo de la discipline s'ouvrent en divers endroits de la capitale et dans tout le Japon. Morihei se fait un point d'honneur de les visiter tous.
En 1939, le Kobukan connaît une réorganisation et prend le nom de Kobukaï.
En 1941, avec l'aggravation du conflit mondial, la situation de l'école devient précaire et

les élèves, pour la plupart, sont appelés à prendre les armes.

L'administration et la gestion de la fondation et du dojo central requièrent toujours plus de temps et d'énergie. Pour ne pas être distrait de son étude de l'aïkido, Morihei laisse la direction du Kobukaï à son fils et déménage à Iwama, où il fait ériger un temple de l'Aïki et un dojo de 40 tatamis. C'est là qu'il se retire pour étudier, enseigner et cultiver la terre.

À la fin de la guerre, avec l'occupation américaine, les arts martiaux sont bannis et pratiquement abolis afin d'affaiblir l'esprit de la nation.

En 1948, l'activité du Kobukaï reprend mais l'organisation prend le nom d'Aïkikaï et, sous cette nouvelle appellation, est reconnue par le ministère de l'Éducation comme un enseignement d'intérêt public.

La structure moderne de la nouvelle organisation se fait fort de répandre l'aïkido dans le monde entier par l'intermédiaire des maîtres qui s'installent dans les pays occidentaux. Le fondateur est de plus en plus sollicité pour des interventions auprès des sièges officiels et devant les médias.

En 1960, le gouvernement japonais décore le fondateur de la médaille de l'honneur et du ruban rouge. L'année suivante, le gouvernement reconnaît officiellement l'Aïkikaï So Hombu.

En 1969, Morihei Ueshiba fait sa dernière démonstration. Il décédera peu de temps après, le 26 avril de cette même année.

KISSHOMARU

Né en 1921 à Ayabe, fils de Morihei et Hatsu Ueshiba, Kisshomaru pratique l'aïkido dès l'enfance. Diplômé d'économie, il prend la direction du Kobukan en 1942, après que son père s'est retiré à Iwama.

Il est à l'origine de la conception et de l'organisation de tout l'aspect purement didactique de l'aïkido et publie des ouvrages, véritables pierres milliaires de toute la connaissance et la propagation de la discipline.

On lui doit enfin d'avoir structuré le niveau technique en déterminant un nombre standard de mouvements et en édifiant toute une nomenclature.

À la mort de son père, il reçoit le titre héréditaire de « doshu » (qui est aujourd'hui échu à son fils Moriteru). Il est décédé le 4 janvier 1999.

L'AÏKIDO EN FRANCE

La France est, semble-t-il, la première nation pratiquante d'aïkido, devançant le Japon et les États-Unis. On compte en France environ 55 000 participants, dont 29 000 sont licenciés à la FFAB et une progression importante qui atteint sur les cinq dernières années 25 % en plus par an. Il faut noter aussi une forte représentation féminine, puisque l'on estime qu'un tiers des licenciés sont des femmes. Enfin, la fédération recense actuellement plus de 5 000 ceintures noires.

LA FÉDÉRATION FRANÇAISE D'AÏKIDO ET DE BUDO*

Reconnue par le ministère de la Jeunesse et des Sports, la Fédération Française d'Aïkido e de Budo a pour originalité de permettre aux différences de s'exprimer sous la forme de courants. Ainsi, la principale composante est :

- **le groupe Aïkikai (632 clubs en France en 1996)**
Le conseiller technique national est Tamura Sensei, 8e dan de l'Aïkikai So Hombu pour l'Europe.

Les « autres » courants sont :

- **le GHAAN (Groupe Historique d'Aïkido André Nocquet, 63 clubs en 1996)**
Élève de maître Tadashi Abe dès 1952, André Nocquet a été l'un des rares pratiquants français à se rendre en 1958 au Japon et à recevoir l'enseignement direct du fondateur.
Ce groupe qui avait rejoint la FFAB en 1985, continue sous l'égide d'un groupe d'anciens élèves du maître ;
- **le groupe AFA (Association Française d'Aïkido, 44 clubs en France en 1996)**
Gérard Blaize, 7e dan Aïkikai de Tokyo (5 ans et demi au Japon), 5e dan de Masakatsu Bjutsu (bâton de fondateur), élève de Hikitsuchi Senseï, 7e dan de Jodo (école Shindo Muso Jojitsu) ;
- **IWAMA-RYU-France (20 clubs en France)**
L'enseignement de maître Saito est représenté en France par Daniel Toutain, 5e dan de l'école Wama-Ryu.

** Fédération Française d'Aïkido et de Budo, AÏKIKAI de France, Les Allées, 83149 Bras.*

LA LEÇON

LE DOJO

Le dojo est le lieu de pratique, de l'étude, de la croissance de l'individu. C'est un lieu à part, à l'intérieur duquel l'élève poursuit son chemin sur la découverte de la réalité au sens plein, à travers des expériences sur lui-même.
Dans le dojo, il faut respecter certaines règles, hiérarchiques et rituelles. De cette façon, le dojo se fait le lieu symbolique où sont délimitées les zones relationnelles et où existent des points de référence grâce auxquels l'élève effectue un parcours linéaire et sûr dans un climat bien particulier. Le dojo est une zone protégée à l'intérieur de laquelle chaque élève apporte quelque chose de lui-même, où il s'expérimente, se connaît et se reconnaît, dans une réalité qui ne connaît aucun objectif de survivance ni velléité agonistique.
L'objectif des élèves est la connaissance, la compréhension de la réalité interne et externe. À travers la pratique on cherche l'erreur, car celle-ci est porteuse d'enseignements. En effet, l'erreur met au jour les limites humaines, physiques et mentales et c'est par une prise de conscience de l'existence de ces limites que l'on peut s'analyser et évoluer.
Le sol du dojo est recouvert de tapis (dimensions : 1 mètre sur 2) appelés « tatami » pour atténuer les chutes.
En général, dans le plan d'un dojo est prévu un côté plus large, appelé « kamiza » où se place l'enseignant durant le salut traditionnel avec les élèves ou lors de l'explication des techniques. Toujours sur ce côté, généralement opposé à l'entrée, on dresse un petit autel avec le portrait du fondateur.
Le côté opposé au kamiza s'appelle « shimoza », le long duquel les élèves se placent durant le salut (à la gauche de l'enseignant les élèves de niveau supérieur et, à sa droite, les élèves de niveau inférieur). Le côté jouxtant le shimoza à droite est réservé aux assistants et aux invités de haut grade.
La tradition japonaise préconise d'orienter le kamiza au nord, mais ce n'est pas toujours possible quand il faut s'adapter à des structures déjà existantes.

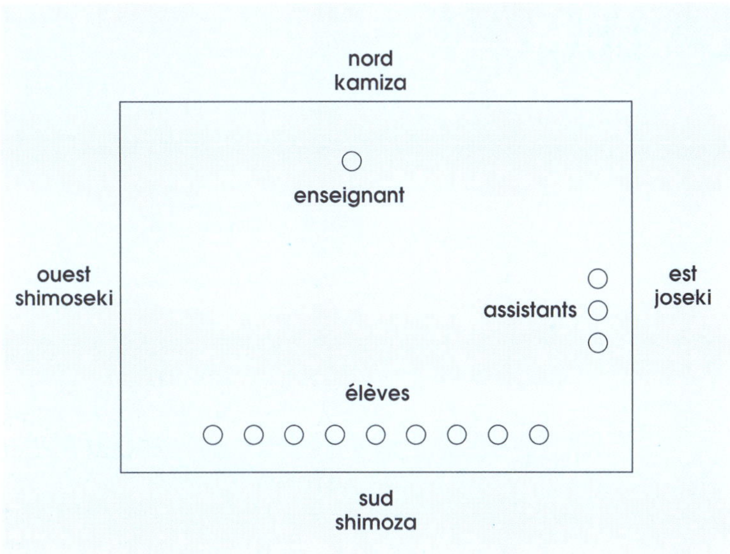

Seiza ou position assise sur les genoux, la colonne vertébrale est droite et les épaules détendues ; entre les genoux on laisse l'espace de deux poings. Habituellement on adopte cette position lorsque l'on attend ou avant la cérémonie du Zarei

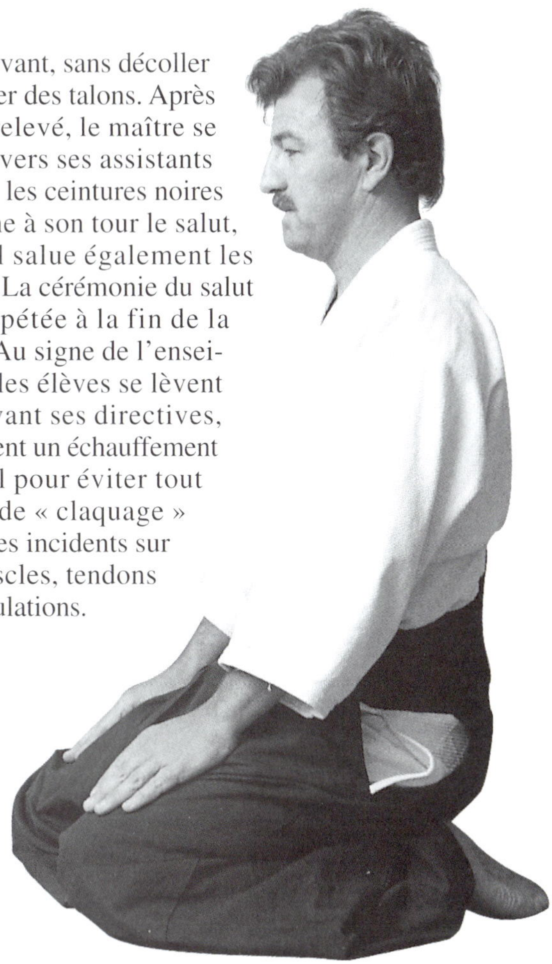

Pour le salut sur le tatami, les « zoori » (sandales de paille tressée ou, plus communément, de caoutchouc ou de gomme noire) doivent être laissés sur le bord du tatami, la pointe tournée vers l'ex-térieur. Les aïkidokas, le dos tourné au kamiza, se lèvent, se retournent et exécutent un salut debout (Ritsurei) pour honorer le lieu de la pratique. Chacun rejoint son poste et s'agenouille. Au signal de l'enseignant, les aïkidokas ferment les yeux, tout en gardant la position Seiza (à genoux, la colonne vertébrale et la tête droites) et font Mokuso (attitude de repos et de méditation). Lorsque l'enseignant frappe dans ses mains, les élèves rouvrent les yeux et se tournent vers le portrait du fondateur. Puis, en suivant l'exemple de l'enseignant, ils exécutent le salut en mettant les mains au tatami et en ployant le buste vers l'avant, sans décoller le fessier des talons. Après s'être relevé, le maître se tourne vers ses assistants ou vers les ceintures noires et donne à son tour le salut, enfin il salue également les élèves. La cérémonie du salut sera répétée à la fin de la leçon. Au signe de l'enseignant, les élèves se lèvent et, suivant ses directives, effectuent un échauffement général pour éviter tout risque de « claquage » ou autres incidents sur les muscles, tendons et articulations.

TENUE ET ÉQUIPEMENT

La tenue de l'aïkidoka se compose des éléments suivants :
– le keikogi ;
– l'obi ;
– l'akama.

Le keikogi est l'ensemble veste-pantalon de grosse toile blanche, identique à la tenue du judoka.

L'obi est une ceinture de coton nouée autour de la taille. Elle est blanche pour les grades kyu, noire pour les grades dan.

L'akama est une jupe-pantalon, généralement de couleur noire ou bleue, nouée autour de la taille par-dessus le keikogi, que portent les élèves ayant obtenu un certain grade. C'est déjà le signe d'un parcours assez conséquent de l'élève.

Les débutants qui ne portent pas l'akama endossent une ceinture blanche de coton nouée autour de la taille.

L'équipement est composé du jo (bâton), d'une longueur de 130 cm et d'un diamètre de 30 cm environ, du bokken, une épée de bois longue d'environ un mètre qui rappelle l'épée traditionnelle des samouraïs, et enfin du tanto, poignard de bois d'une trentaine de centimètres de longueur.

L'ÉTIQUETTE

Fondamental dans l'apprentissage de l'aïkido, le respect de l'étiquette ne se limite pas à une simple répétition de rituels étranges mais doit précéder une vraie connaissance physique et mentale. Ces moments où les deux adversaires se donnent des signes de respect mutuels sont des instants où chacun est fortement impliqué et conscient de ses actes et, ainsi, de lui-même. Respecter son adversaire et son maître, c'est se préparer à accueillir au mieux les informations que ceux-ci vont vous envoyer.

La considération devient alors synonyme de respect de soi. Les deux adversaires prennent acte du contexte dans lequel ils vont agir et font un choix dans lequel ils s'impliquent.

Le respect de l'étiquette n'est pas la prévarication de sa propre personne mais le

LES GRADES

L'élève garde la ceinture blanche jusqu'à ce qu'il réussisse le premier dan, après quoi il endosse la ceinture noire qui marque les grades supérieurs. Aujourd'hui, dans la plupart des centres d'aïkido, on subdivise les grades en six catégories kyu, le sixième kyu étant la catégorie de départ et le premier kyu la plus élevée avant le dan. Après le premier kyu commencent les grades dan, classés en sens « inverse » : du premier dan, le moins difficile, au dixième qui est le plus haut grade.
Pour accéder à un kyu ou un dan supérieur, il faut passer un examen devant un jury composé de professeurs.

respect d'une position que l'on occupe à un moment donné et, d'une manière plus générale, le respect de l'ordre naturel des choses. Le salut (Rei) et le remerciement pour la connaissance prédisposent l'âme à une meilleure condition de pratique et aident à surmonter les difficultés inhérentes à toute pratique de combat.

Ritsurei, salut debout

Zarei, salut à genoux

POSITIONS ET TECHNIQUES FONDAMENTALES

KAMAE

Le mot « Kamae » fait référence à la posture « correcte » en général, base fondamentale des techniques appliquées en aïkido. La posture ne doit être ni trop tendue ni trop relaxée. Comme nous l'avons déjà dit, il ne faut pas être un maître trop rigide avec son propre corps ni esclave de ce dernier. Être vivant requiert une attitude d'écoute, d'attention et d'être « centré ». Vous trouverez ci-après une explication sommaire des principales positions.

HIDARI KAMAE (garde gauche)

De la position de Shizen Taï, avancer le pied droit ; la main gauche vient au centre et se met en garde. La main droite reste plus basse. Cette posture est un dérivé de celle utilisée en escrime japonaise

SHIZEN TAÏ (position naturelle)

Le corps est droit, le poids est réparti également sur les deux pieds parallèles, à une distance équivalant à la largeur des épaules. Les mains pendent le long des flancs. C'est une position relâchée, qui expose frontalement une surface corporelle maximale. Elle n'est adaptée ni au combat ni à la défense

MIGI KAMAE (garde droite)

C'est exactement l'opposé de la posture précédente. Le pied droit est avancé, la main droite s'élève en garde, la gauche est plus basse. Dans ces deux positions, on offre le flanc, réduisant ainsi la superficie exposée à l'attaque. On peut aussi inverser immédiatement la garde en tournant de 180° le pied postérieur, ce qui permet d'éviter l'attaque d'un mouvement circulaire, typique de l'aïkido

MAÏ AÏ

C'est la distance minimum à garder entre les deux adversaires. Bien plus qu'un seul espace physique, c'est un espace mental, celui où les actions et intentions s'expriment au maximum. Il est donc indispensable d'avoir et de garder le contrôle du Maï Aï, afin de pouvoir agir et réagir de manière optimale.
Aite et Tori s'affrontent, à bonne distance l'un de l'autre, dans le modèle ci-contre.

AÏ HANMI (position symétrique)
Les deux adversaires sont en garde gauche ou en garde droite

GYAKU HANMI (position spéculaire)
Les deux adversaires sont en gardes opposées l'une à l'autre

ASHI SABAKI (déplacement des pieds)

Les pieds, ainsi que les jambes, nous soutiennent et permettent une certaine liberté de mouvement. Ils sont la base qui rend fort et libre.
Une bonne base est indispensable pour exécuter les déplacements nécessaires à la bonne exécution des techniques d'aïkido.
Ci-après sont présentés les déplacements dans le mode où ils sont habituellement schématisés. Tous peuvent être suivis en partant indifféremment de la garde droite ou de la garde gauche.

TSUGI ASHI

1.
De la position Migi Kamae...

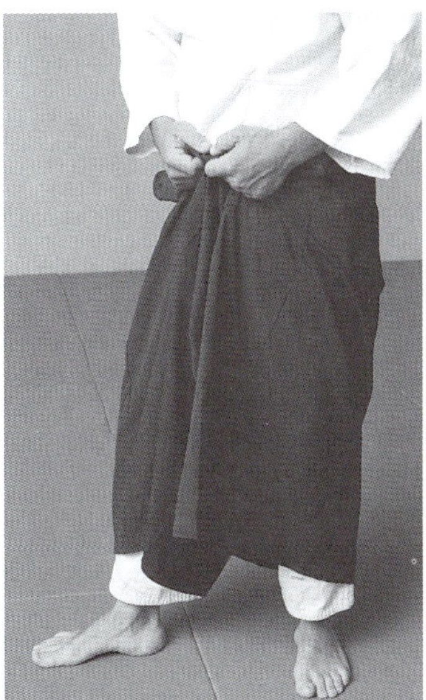

2.
Le pied droit glisse en avant le long d'une ligne droite, le poids du corps se porte sur le pied gauche

3.
On déplace le poids du corps sur le pied droit tandis que le pied gauche, en glissant, se rapproche du pied antérieur

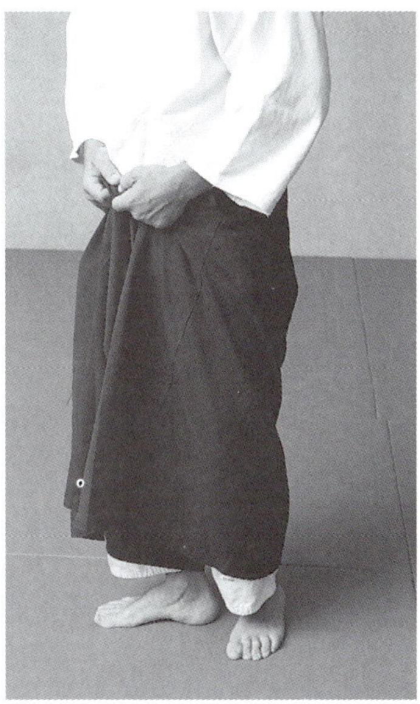

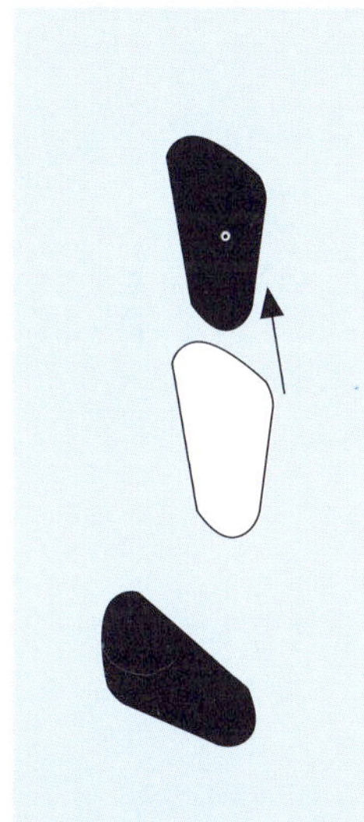

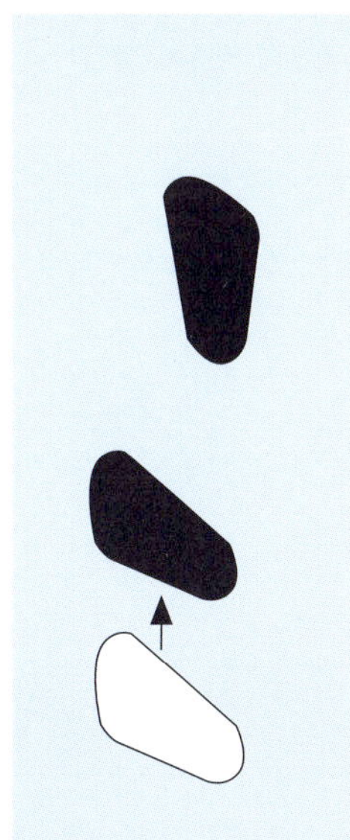

AYUMI ASHI

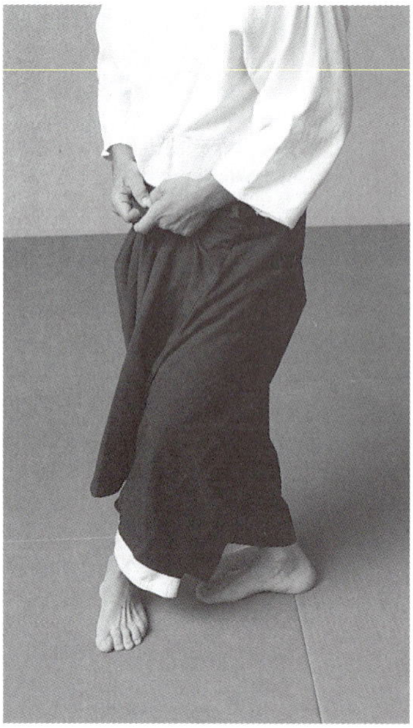

1.
Partir de la position Migi Kamae

2.
Le pied gauche glisse devant le pied droit, les hanches pivotent pour permettre le mouvement, les jambes se croisent

3.
Le pied droit pivote en glissant devant le gauche. Enfin, les hanches reviennent en position de départ ainsi que les jambes

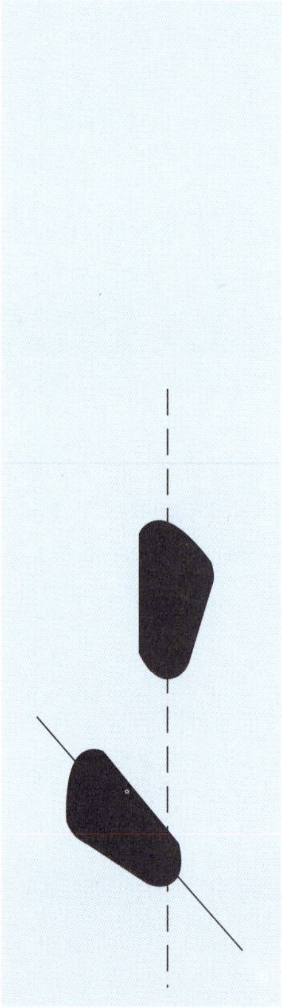

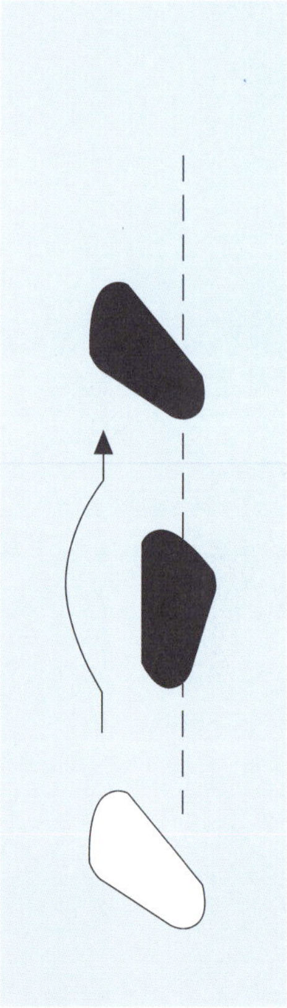

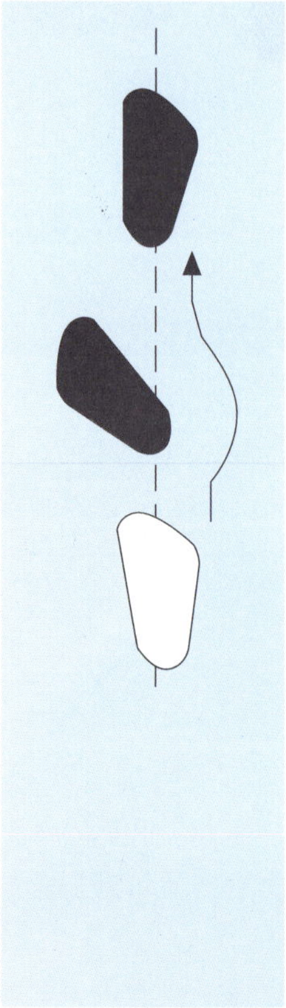

TENKAÏ ASHI

1.
Partir de la position de garde gauche

2.
Ce mouvement consiste en une rotation du corps autour du point désigné par un hypothétique fil de plomb, en descendant de la tête jusqu'à l'intérieur des pieds. Aucun pas n'est exécuté mais juste une rotation des pieds de 180°, qui permet d'inverser la garde

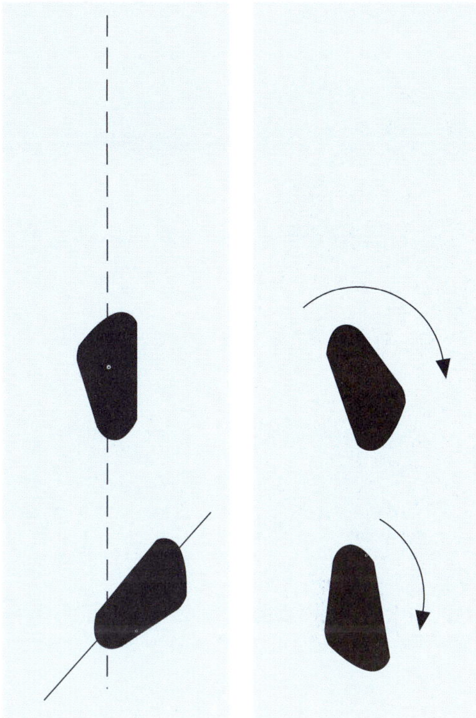

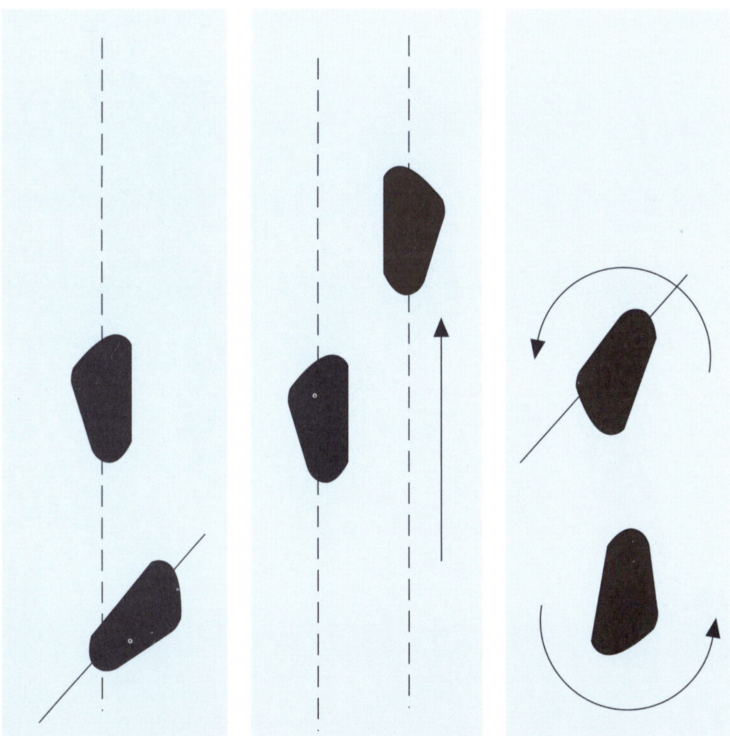

KAÏTEN ASHI

1.
De la même position de garde gauche Hidari Kamae...

2.
... avancer le pied droit en avant pour, ensuite, tourner sur l'axe de 180° par un Tenkaï Ashi

TENKAN ASHI

1.
Prendre la position de garde gauche

2.
Déplacer le poids du corps sur le pied gauche de manière à pouvoir tourner le pied droit de 180°. La garde est alors tournée dans l'autre sens

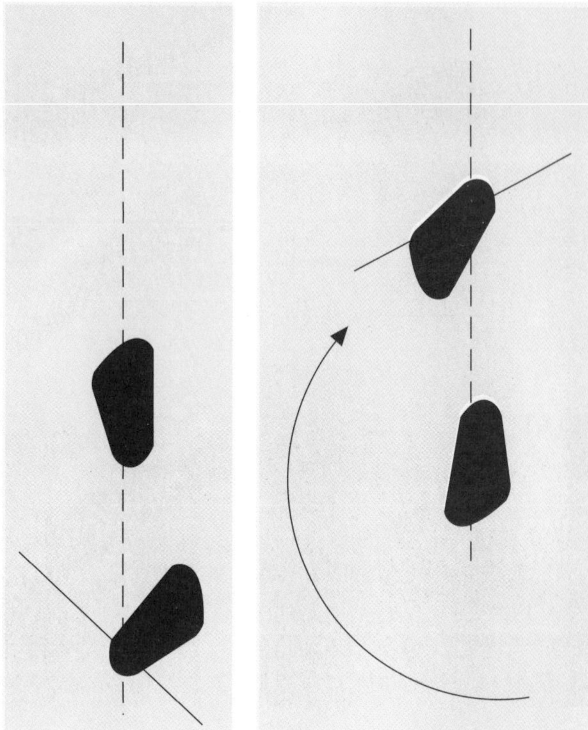

IRIMI TENKAN

1.
De la même position de garde gauche...

2.
... avancer le pied droit d'un pas, en y déchargeant le poids du corps

3.
Pivoter sur ce même pied en effectuant une rotation de 180° par un Tenkan

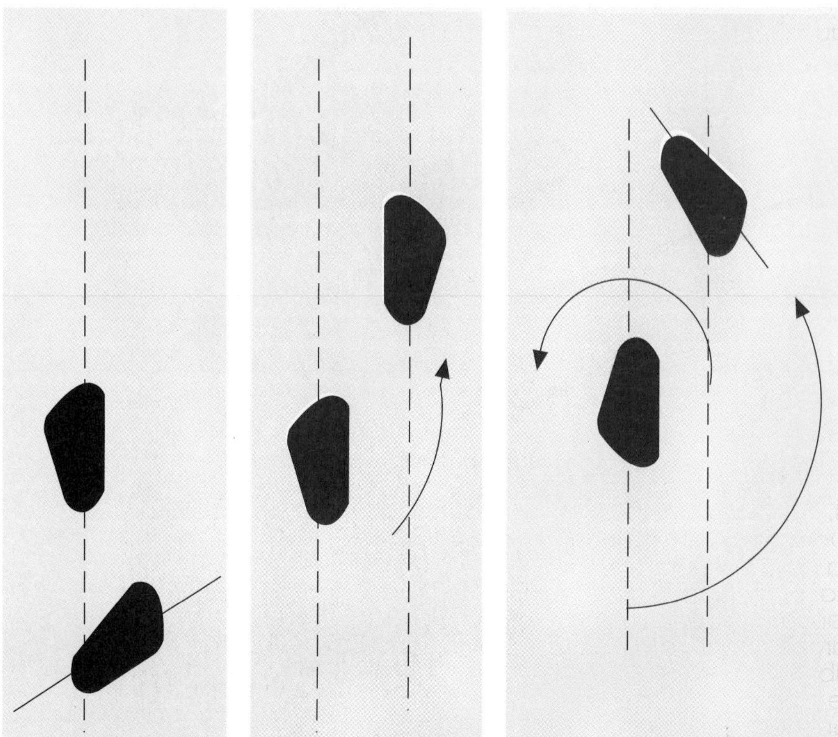

SHIKKO (MARCHER SUR LES GENOUX)

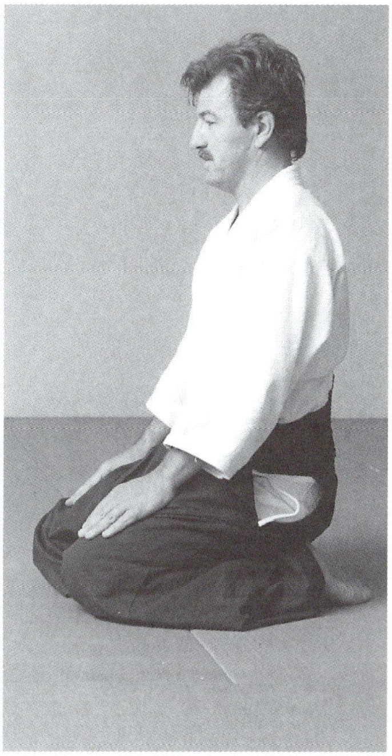

1.
De la position Seiza
(le dessus des pieds appuyé au sol)...

2.
... passer à la position Kiza
(doigts de pied appuyés au sol)

3.
Dans ce cas également, la garde est latérale.
La rotation de la hanche lance en avant la jambe droite. Faisant pivot sur le tibia gauche,
le pied gauche tourne en suivant le droit

L'UTILITÉ DES TECHNIQUES À GENOUX

Les techniques d'aïkido peuvent s'effectuer debout ou sur les genoux. La position debout présente l'avantage de faire fructifier toute la « bio-mécanique » de la jambe pour déplacer le buste, alors que le Shikko rend toute exécution forcément plus limitée, car le moindre mouvement requiert un déplacement de la base d'appui. L'application des techniques en Shikko peut donc apparaître comme réductrice ou désavantageuse en ce qui concerne les mouvements. Elle devient utile, en revanche, quand il s'agit de déceler des erreurs, car l'on ne doit jamais oublier que les techniques correctement appliquées doivent faire intervenir le corps tout entier.

4.
Le genou droit descend en suivant le mouvement circulaire de la hanche...

5.
... et tournera en faisant pivot sur le tibia droit

TE SABAKI (mouvement des mains)

Dans l'aïkido, le mouvement des membres supérieurs est une expression directe de la stabilité de la base et de la sensibilité sur le centre. De là naît la puissance des bras. L'utilisation exclusive des muscles est une erreur commune. Utilisée de cette façon, la force devient un mur qui sépare de l'Aite et ne permet pas de sentir ses mouvements, empêchant de garder le contrôle sur lui. La vraie force naît de la terre sous nos pieds : à travers la base, elle se concentre dans le centre et, de là, à travers les bras et les mains, est envoyée à l'extérieur. Les débutants, généralement, utilisent principalement la force des bras et des épaules dans l'exécution des techniques. Ainsi, ils raidissent le tronc et, ce faisant, ancrent leur base d'appui dans le sol et cette base devient alors impossible à bouger, même pour eux-mêmes.

Dans l'aïkido, les jambes et le tronc doivent bouger ensemble et en harmonie autour du centre qui détient l'équilibre du corps.

TAÏ SABAKI (mouvements du corps)

L'aïkido est une pratique et, en tant que telle, n'est jamais nettement en contraste avec la force d'attaque. Lorsque l'attaque survient, la mobilité devient une exigence fondamentale et indispensable pour pouvoir dévier de la ligne directe d'attaque en glissant, de biais, à ses côtés.

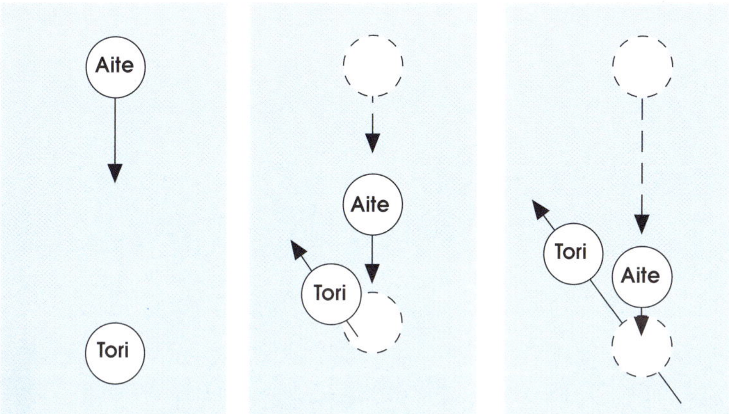

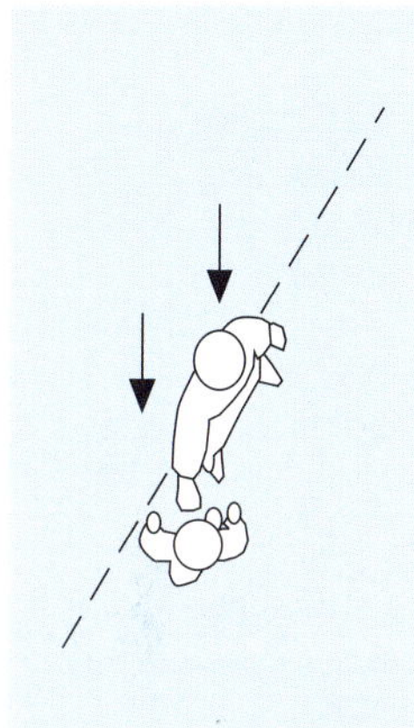

TE GATANA

Te Gatana désigne la partie du corps qui va de la pointe de l'auriculaire au coude.
Elle s'apparente, dans l'usage, à l'épée japonaise et sert pour fendre, dévier ou ouvrir. Bien utilisée, elle permet un excellent contrôle sur les attaques de l'adversaire.

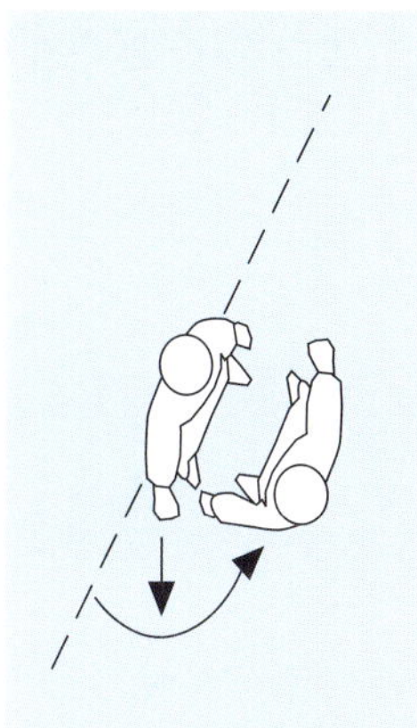

Dans la pratique de l'aïkido, l'attaque est généralement donnée par un coup « tranchant », de poing ou de pied. Une partie de Aite est utilisée pour frapper l'objectif (Tori). Dans la phase finale de l'attaque, au moment où Aite concentre son action, ce dernier se retrouve avec une partie du corps plus avancée que l'autre.

Selon la direction de l'attaque, le corps de Aite présente deux côtés : un côté postérieur et un côté antérieur. En glissant de biais par rapport à la ligne d'attaque, Tori peut se retrouver dans chacune des deux positions. Nous appellerons « Omote » toutes les techniques que Tori met en œuvre en se plaçant devant Aite et « Ura » toutes celles qu'il exécute derrière Aite. De l'une de ces positions, Tori retirera l'énergie utilisée dans l'attaque de Aite et, en y ajoutant son mouvement, amplifiera sa dynamique en déséquilibrant l'adversaire.

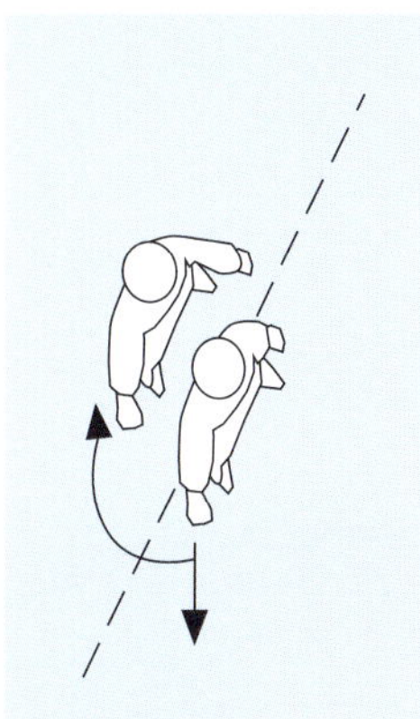

UKEMI (CHUTES)

Apprendre à tomber est fondamental. Le contrôle de la chute prémunit contre d'éventuelles blessures et permet de subir la technique de manière relaxée, en abandonnant la rigidité due à la peur de se faire mal. Le contrôle de la chute permet d'appréhender les limites et potentialités du corps et permet à Tori de travailler tranquillement en exprimant sa propre habileté technique. Ci-après sont décrits trois types de chute.

MAE MAWARI UKEMI (chute roulée en avant)

1.
De la position de garde droite, se pencher vers le sol en formant un cercle avec les bras. Le poids est déplacé vers l'avant

2.
Le poids du corps tombe au-delà du pied d'appui antérieur, la main, puis le bras droit prennent contact avec le tapis, la jambe gauche se soulève

3.
À ce point, le corps s'insère dans un cercle idéal qui part de l'auriculaire droit et traverse le dos en diagonale, joignant l'épaule droite au pied gauche

4.
La dynamique de la chute roulée permet de retomber sur ses pieds, en position de garde de départ

USHIRO UKEMI (chute en arrière)

1.
En partant de la garde gauche...

2.
... déplacer le poids du corps vers l'arrière et commencer à descendre en pliant la jambe droite

3.
La jambe droite fléchit jusqu'à ce que les fesses touchent le sol

4.
Se laisser aller vers l'arrière en effectuant une rotation qui part du flanc gauche, traverse le dos en diagonale

5.
... arrive à l'épaule droite et court le long du bras droit jusqu'à l'auriculaire de la main droite

6.
Grâce à la dynamique du mouvement, vous vous retrouvez debout en garde gauche

YOKO UKEMI (chute latérale)

Peu utilisée et peu enseignée en aïkido, elle est pourtant utile lorsque l'on se trouve projeté sans avoir la possibilité de rouler. De la position Shizen Taï, avancer le pied droit vers le gauche en diagonale et plier la jambe gauche jusqu'à toucher le tatami des fesses, puis se laisser tomber sur le flanc droit. Le bras droit va taper contre le Tatami, amortissant ainsi l'impact.

LA STRATÉGIE

Avant d'entrer dans le vif du sujet, résumons brièvement la philosophie stratégique de l'aïkido en rappelant les deux mouvements de base de l'application des techniques :
1. Ne pas entrer en confrontation, éviter les côtés forts de Aite, privilégier ses côtés faibles (Irimi).
2. Ne pas affronter Aite, tourner en s'unissant à son côté fort pour ensuite l'ouvrir et entrer dans ses côtés faibles (Tenkan).

IRIMI

Signifie littéralement « entrer ». En se déplaçant et en avançant, on évite l'attaque et l'on agit sur l'axe de Aite en provoquant un déséquilibre immédiat. De la sorte, on évite les attaques de Aite

TENKAN

Tenkan, en revanche, est une ouverture circulaire obtenue en ouvrant un pied de 180° tout en faisant pivot sur l'autre pied. Cela permet à Tori de changer de direction, prenant celle de Aite pour, ensuite, en contrôler la dynamique en appliquant les techniques d'aïkido

LES PRISES

Aite doit appliquer les prises de manière correcte. L'objectif est de donner à Tori la possibilité de trouver comment esquiver l'adversaire, en travaillant pour corriger d'éventuelles erreurs. Le travail de Aite est très important. Il ne doit pas mettre Tori à l'épreuve en le bloquant par une prise de fer ni le saisir par une fausse prise lui permettant n'importe quel mouvement. Le contact doit être réel, ni coercitif ni passif. La force de la prise doit s'exercer de telle manière que Tori puisse en contrôler l'énergie. Les exemples suivants illustrent les prises les plus communément appliquées en aïkido.

KATATE DORI AÏ HANMI

Aite saisit le poignet de Tori dans une parfaite symétrie (prise gauche sur poignet gauche ou prise droite sur poignet droit)

KATATE DORI GYAKU HANMI

Aite saisit en miroir le poignet de Tori (prise gauche sur poignet droit ou prise droite sur poignet gauche)

MOROTE DORI

Aite saisit les deux poignets de Tori

RYOTE DORI

Aite saisit en même temps les deux poignets de Tori

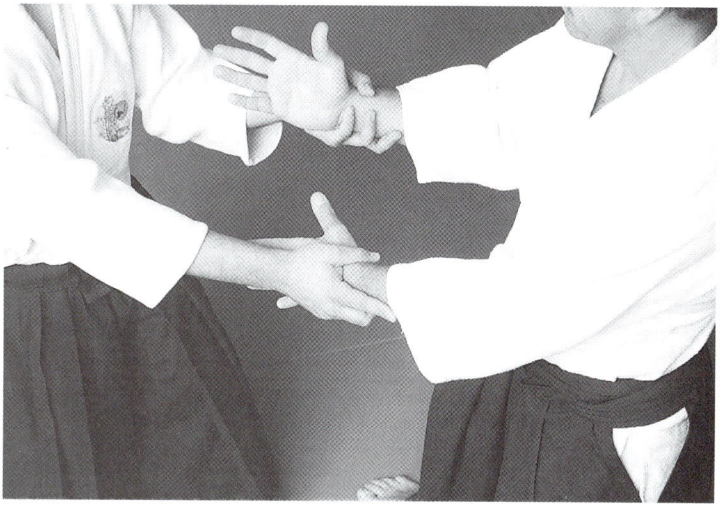

USHIRO RYOTE DORI

Aite saisit les poignets de Tori par derrière

USHIRO RIOKATA DORI

De ses deux mains, Aite saisit Tori aux épaules

USHIRO KATA DORI KUBI SHIME

Par derrière, Aite saisit d'une main le poignet de Tori et de l'autre éxécute un étranglement

MUNE DORI

D'une main, Aite empoigne la tunique de Tori

KATA DORI

D'une main, Aite saisit Tori à l'épaule

HAGAÏ JIME

Aite bloque Tori en faisant étau autour de la poitrine

LES ATTAQUES

On classe les attaques en deux catégories : directes et circulaires (respectivement Shomen Uchi et Yokomen Uchi). La main utilisée pour fendre rappelle l'attaque à l'épée.
Comme nous venons de l'évoquer (Hagaï Jime), on peut attaquer par derrière.

SHOMEN UCHI

Aite attaque Tori le long d'une ligne droite

YOKOMEN UCHI

Aite sort de la trajectoire linéaire en portant l'attaque au flanc de Tori

LES TECHNIQUES DE LEVIER ARTICULAIRE

IKKYO

OMOTE

1.
Aite et Tori sont tous les deux en Migi Kamae. Aite saisit le poignet de Tori en Aï Hanmi, en appuyant dessus pour garder le contrôle

2.
Tori déplace le pied droit en diagonale vers l'avant (Tsughi-Ashi) et se met hors de la ligne de poussée de Aite. En même temps, d'un mouvement rotatoire il déplace le bras et le poignet droit en ouvrant le coude de Aite. Il contrôle ce dernier par sa main gauche glissée sous le coude droit de Aite, entamant alors un déséquilibre et empêchant une efficace action d'attaque

3.
D'un mouvement circulaire, Tori met le bras de Aite devant son centre pour optimiser le contrôle. Il avance le pied gauche en diagonale et pénètre dans l'espace de Aite, qui est alors déséquilibré vers l'avant

4.
À ce moment, Aite appuie la main gauche sur le tatami tandis que son bras droit est contrôlé par Tori. Si Tori utilise une force excessive, Aite aura alors un solide appui dont il se servira pour remonter. Tori devra donc être fort dans l'équilibre mais mobile dans la position, de manière à ne concéder à Aite aucun appui
Tori se déplace en biais à droite et fléchit le genou gauche en mettant à terre le côté droit de Aite

5.
Le genou gauche de Tori appuie sur les côtes, sous le creux de l'aisselle droite de Aite. La main gauche décharge le poids du centre sur le coude de Aite, tandis que la main droite appuie sur le poignet

URA

1.
De la position de Migi Kamae, Aite prend le poignet de Tori en Aï Hanmi

2.
Tori met son pied gauche à l'extérieur de Aite tout en tournant son poignet droit. De cette manière, il fait tourner le coude droit et l'épaule droite de Aite et les place dans la ligne de poussée qu'il occupait précédemment avec son corps mais qui, désormais, se trouve libre

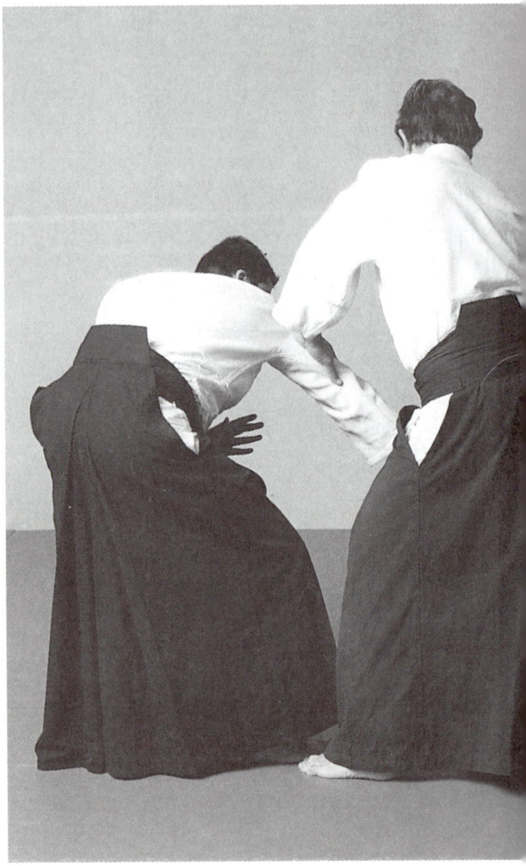

3.
Tori tourne avec le pied droit en « éloignant » le bras de Aite qui est alors déséquilibré. Tori contrôle le coude de Aite en l'empêchant de tourner. La main droite de Tori ne retient pas le poignet de l'adversaire et évite de s'y agripper afin de ne pas fournir de point d'appui

4.
En gardant le bras devant lui, Tori continue le mouvement rotatoire des hanches et, descendant à terre en pliant le genou gauche, il amène le flanc gauche de Aite sur le tatami

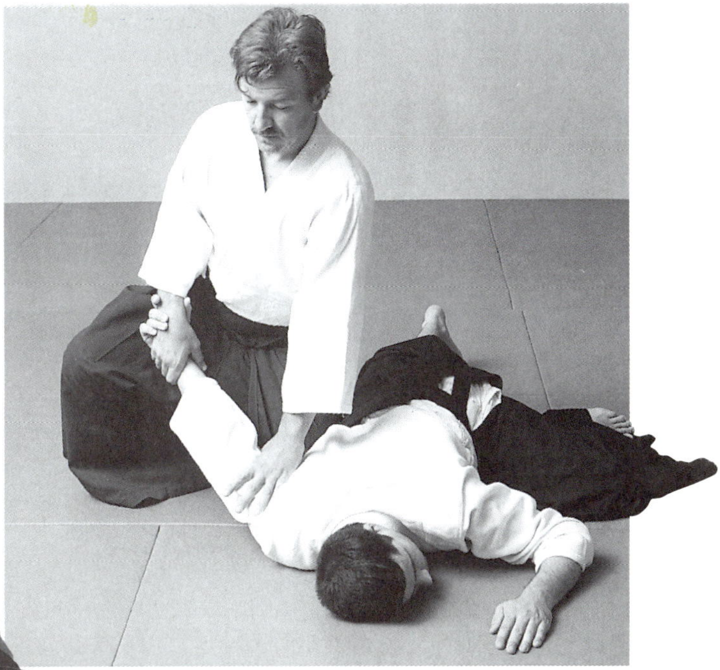

5.
Le contrôle final est identique à celui décrit précédemment dans la fermeture d'Ikkyo Omote (voir pages 38-39)

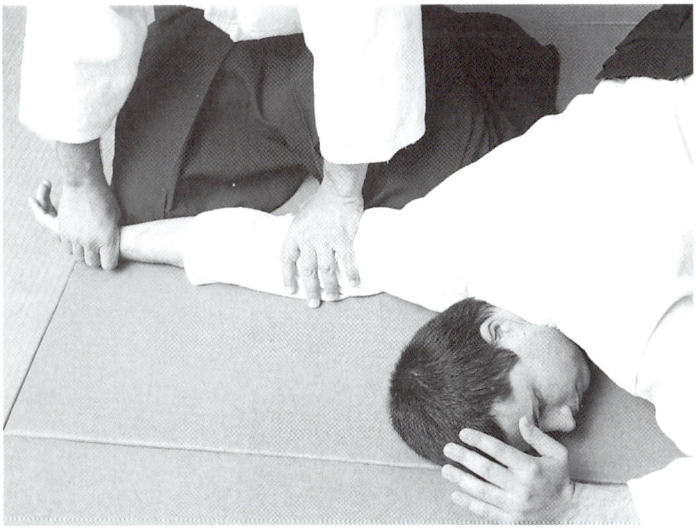

Modalité de la technique

IKKYO (application avec l'épée)

1.
Aite lève l'épée en glissant en avant avec le pied droit pour couper Tori avec un Shomen (fendant direct)

2.
Au moment où le chargement de l'épée est au plus fort et avant que Aite ne commence à décharger sa propre énergie sur le coup, Tori avance avec le pied droit en s'écartant de la ligne de coup et, en s'insérant dans le vide devant Aite, saisit le poignet qui tient l'épée d'une main, contrôlant le coude de l'autre

3.
Tandis que Aite décharge le coup, Tori exécute un Tenkan du pied gauche, en laissant le vide devant Aite dont il contrôle le bras et laisse tomber le corps de Aite ainsi « accroché »

NIKKYO

KATATE DORI GYAKU HANMI NIKKYO

1.
Tori est en Migi Kamae ; Aite lui saisit le poignet en Gyaku Hanmi en poussant vers le centre de Tori

2.
Tori tourne le poignet droit comme pour regarder sa montre. Ce faisant, il ouvre le coude de Aite et lui saisit le poignet gauche par le dessus de sa main gauche. En même temps, il se déplace de biais vers la droite, glissant en Tsughi Ashi et sortant ainsi de la ligne directe d'attaque de Aite. Les mains de Tori sont toujours au centre du corps, le long de la ligne de l'axe d'équilibre

3.
Tori effectue une rotation des hanches vers la gauche, laissant vide l'espace devant Aite, tout en amenant le poignet de l'adversaire vers sa propre épaule droite. Le contrôle du poignet de Aite se fait soit sur l'extérieur du poignet, soit sur le pouce, de façon à empêcher qu'il ne dégage sa main. Le coude droit de Aite est contraint de descendre tandis que Tori l'enroule de son bras droit

4.
Tori amène le coude de Aite dans son centre et, en même temps, l'abaisse, ce qui contraint Aite, désormais déséquilibré, à descendre à terre

5.
Toujours en contrôlant le coude gauche de Aite, il le pousse à terre

6.
Tori continue dans la rotation du coude ; il descend sur le tatami avec le genou droit et ce dernier va se loger dans le creux de l'aisselle de Aite

7.
Tori se tourne et met ses deux genoux autour de l'épaule de Aite. Du tranchant de la main droite, il garde le contrôle du coude plié de Aite en le maintenant au centre. De la main gauche, il contrôle la main droite de Aite dans le creux de son bras droit

8.
Tori contrôle l'articulation du coude de Aite par le tranchant de ses deux mains. En tournant légèrement à gauche sur son axe, il fait levier sur l'articulation de l'épaule de Aite et le bloque ainsi définitivement

KATATE DORI AÏ HANMI NIKKYO OMOTE

1.
Les bases de départ son identiques à celles de l'Ikkyo Omote (voir pages 38-39)

2.
Tori contrôle le coude de Aite, puis le poignet par une torsion de son propre poignet

3.
Il porte alors le poignet de Aite sur son épaule droite tout en avançant le pied gauche dans l'axe de Aite, le déséquilibrant et maintenant toujours le contrôle sur les articulations du poignet et du coude

4.
Par une rotation des hanches à droite et en pliant le genou gauche, Tori crée un vide au flanc droit de Aite. D'un mouvement circulaire, il met à terre le coude de Aite en le faisant tomber dans ce vide et garde le contrôle sur son poignet

5.
Après avoir positionné ses genoux autour de l'épaule de Aite, Tori termine en mettant l'articulation en levier en tournant à droite, comme dans la technique précédente

Détails de l'exécution technique

KATATE DORI AÏ HANMI NIKKYO URA

1.
Cette technique agit elle aussi sur les articulations du poignet et du coude. Aite saisit fermement le poignet de Tori. Il est plus que probable que, si Aite pousse, Tori tournera sur place en pivotant sur le pied gauche, tandis que si Aite tire, Tori entrera avec le pied gauche et favorisera la force de l'adversaire

2.
Tori bloque la main de Aite sur son poignet à l'aide de sa main gauche. En même temps, il se met hors de la ligne directe d'attaque en tournant et en avançant. En tournant le poignet droit, il ouvre le coude de Aite en mettant sa main « en couperet » au-dessus de l'articulation du poignet de l'adversaire

3.
Tournant les hanches à gauche, Tori tranche de la main droite le centre de Aite en se mettant dans l'espace vide à son flanc gauche

4.
Tout le poids du corps porte sur le pied droit et Aite ne peut plus bouger. Suite au déplacement de Tori, Aite tombe à terre

USHIRO RYOTE DORI NIKKYO URA

1.
Aite saisit les poignets de Tori par derrière

2.
Tori tourne les poignets comme pour regarder sa montre. Il hausse ainsi les deux coudes de Aite en créant à son flanc une ouverture où il pourra sortir en pivotant vers l'arrière

3.
Contrôlant le coude droit de Aite et lui tenant le poignet, il met alors son bras devant son propre centre et le déséquilibre

4.
Tori tourne les hanches vers la droite en fléchissant le genou gauche et met Aite à terre

5.
L'issue est la même que la précédente, mais la prise avec laquelle Tori retient Aite est différente. La compression a lieu sur le coude tandis que le poignet est retourné, la paume de la main de Aite regardant sa nuque

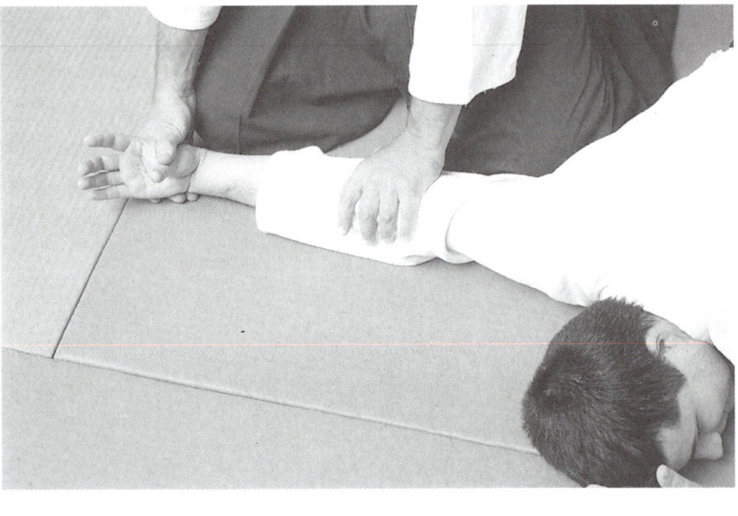

SANKYO

KATATE DORI AÏ HANMI SANKYO OMOTE

1.
De la prise en Aï Hanmi, Tori tourne le poignet en ouvrant le coude de Aite. Ce faisant, il rompt la continuité de sa poussée, ce qui lui permet de plier le coude

2.
Tori se rapproche de Aite en avançant le pied gauche, sortant ainsi de la ligne d'attaque.
Il met la paume de sa main gauche sur le dos de la main de Aite et, en serrant la prise, il en emprisonne ainsi le tranchant

3.
Tout en levant l'avant-bras de Aite vers le haut, devenu désormais le pivot du levier articulaire, Tori effectue une rotation des hanches à gauche et capture l'axe de Aite en le contraignant à se déplacer

4.
Tori tranche devant lui en mettant le coude de Aite devant son centre et le contrôle de la main droite, en déséquilibrant Aite

5.
Il se met devant la tête de Aite et, tout en s'agenouillant, contraint Aite à tomber. Tori enserre l'épaule droite de Aite entre ses genoux et étire le bras de Aite avec la prise gauche

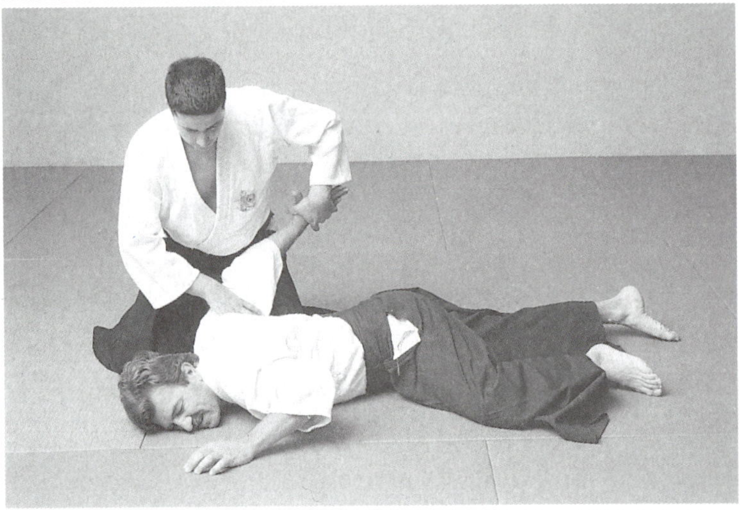

6.
Il change de main et ferme le coude de Aite à son centre du tranchant de sa main gauche. Enfin, il tourne à droite pour mettre l'articulation en levier

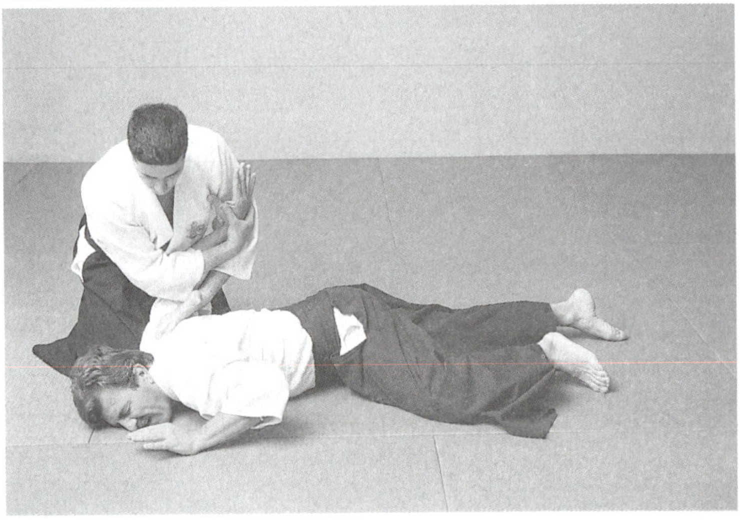

KATATE DORI AÏ HANMI SANKYO URA

1.
Aite tient le poignet de Tori en Aï Hanmi

2.
De là, Tori sort en biais de la ligne d'attaque et, au moyen du coude, contrôle l'axe d'équilibre de Aite

3.
Déplaçant le pied gauche, Tori entre dans l'axe de Aite en le déséquilibrant, afin de faire pivoter favorablement la paume de sa main droite sur la paume de Aite

4.
Ayant capturé le poignet et le tranchant de la main de Aite, Tori peut alors effectuer le Sankyo (levée en trois clés, poignet-coude-épaule) : en soulevant l'avant-bras de Aite et par une rotation des hanches, Tori capture l'axe de l'adversaire

5.
À ce point, Tori déplace le coude de Aite à son centre. En pivotant sur son pied gauche, il tourne avec un Tenkan, annulant l'espace au flanc de Aite qui tombe alors dans le vide

6.
Tori maintient le contrôle de la main droite de Aite en appuyant son genou et en poussant de son centre vers le corps de Aite

USHIRO RYOTE DORI SANKYO

1.
Par derrière, Aite saisit Tori par les poignets

2.
À son tour, Tori tourne les poignets en levant les bras. Il ouvre ainsi les coudes de Aite et glisse sous son flanc droit, agrippant de la main gauche le poignet et le tranchant de la main de Aite

3.
Tout en se levant, Tori lève l'avant-bras de Aite en capturant son axe et le contrôlant dans les trois points typiques du Sankyo. La technique se termine comme dans les deux techniques précédentes

NAGE WAZA (techniques de projection)

SHIHO NAGE (projection dans les quatre directions)

KATATE DORI AÏ HANMI SHIHO NAGE OMOTE

1.
Aite prend le poignet droit de Tori

2.
Tori prend le poignet de Aite entre ses mains et le tourne vers l'intérieur. Ce mouvement brise la continuité de l'action de Aite. En même temps, Tori met sa jambe gauche dans l'espace formé devant Aite

3.
Tori met ses mains devant le front et tourne les hanches sans bouger les pieds (Tenkaï Ashi), mettant l'avant-bras de Aite derrière lui

4.
À ce point, Tori conclut en tranchant dans le vide derrière les épaules de Aite et, bloquant le poignet à terre, il pousse le coude et le bloque

KATATE DORI AÏ HANMI SHIHO NAGE URA

1.
Aite prend le poignet de Tori en Aï Hanmi

2.
Tori met le pied gauche à l'extérieur de Aite et, en se tournant, il se place à son flanc de telle sorte que la poussée de Aite se perde devant lui. En même temps, il tourne le poignet de Aite en ouvrant le coude et entame ainsi le mouvement circulaire qui l'amènera au Shiho Nage

3.
Tori continue de tourner les hanches et la jambe droite jusqu'à l'amener derrière Aite. Le tronc lui-même pivote et le bras de Aite se retrouve derrière l'épaule de Tori

4.
Tori continue à tourner en tranchant derrière le dos de Aite qui, se trouvant dans le vide, ne peut éviter la chute

5.
Tori bloque à terre le bras de Aite

USHIRO RYOTE DORI SHIHO NAGE

1.
Aite saisit par derrière les poignets de Tori

2.
Tori pivote sur le pied gauche et tourne à gauche de Aite. En même temps, il lève le bras droit et, par une torsion du poignet droit, ouvre à l'extérieur le coude droit de Aite

3.
Il tourne les hanches à gauche sans bouger les pieds et, agrippant le bras gauche de Ai l'insère dans le mouvement. En tournant le poignet vers l'intérieur, il peut effectuer l'une des deux fermetures précédentes

Le même mouvement des pieds et la rotation des hanches sont mis en application avec le jo

IRIMI NAGE

SHOMEN UCHI IRIMI NAGE OMOTE

1.
Tori et Aite sont tous deux en Hidari Kamae

2.
Aite hausse le bras pour frapper en Shomen, Tori sort de la ligne d'attaque en avançant de biais le pied gauche et, ayant rejoint l'axe de Aite, interrompt son action

3.
Tori glisse de biais avec le pied droit dans l'axe de Aite et fait tomber ce dernier

SHOMEN UCHI IRIMI NAGE URA

1.
Au moment où le bras de Aite est levé au maximum, Tori glisse en avant avec le pied droit et, en entrant avec son bras droit sur le coude de Aite, il le déséquilibre en le contrôlant

2.
Tori avance le pied gauche et, en tournant les hanches, décharge dans le vide le coup de Aite

3.
Tori pivote sur le pied gauche en exécutant un Tenkan, projetant ainsi le corps de Aite d'un mouvement circulaire et maintenant le contrôle de l'axe de Aite

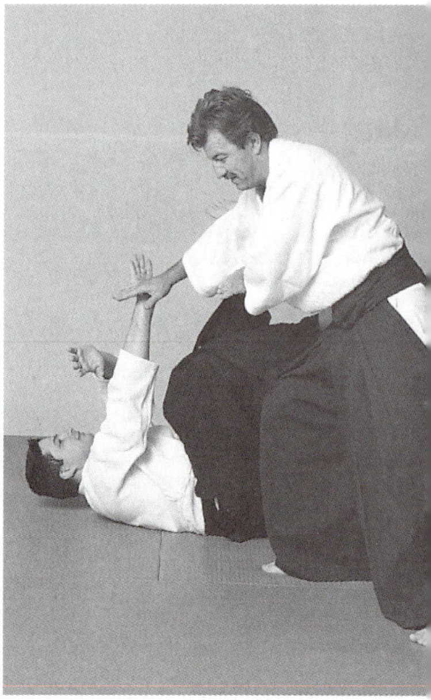

4.
Du pied droit, Tori tourne dans l'axe de Aite et le fait tomber

KATATE DORI AÏ HANMI CHOKUSEN NO IRIMI

1.
Aite saisit le poignet de Tori en Aï Hanmi

2.
Tori absorbe l'attaque en avançant le pied gauche et, tournant les hanches, sort de la ligne d'attaque. Tori achemine la poussée de Aite vers le haut en la mettant derrière les épaules de Aite

3.
Tori conclut le Tenkan en se déplaçant complètement derrière Aite.
Il peut alors fermer vers le bas, dans le vide laissé par Aite

KAÏTEN NAGE

KATATE DORI GYAKU HANMI UCHI KAÏTEN NAGE

1.
Aite empoigne Tori en Gyaku Hanmi

2.
Tori sort à droite en glissant en Tsugi Ashi et, en même temps, ouvre le coude de Aite

3.
Il passe sous le bras de Aite en mettant en avant le pied gauche. Le bras est levé comme pour déclencher un Shomen

4.
Tori met son pied droit en arrière et tranche du bras droit vers le bas, ce qui a pour effet de mettre vers son centre le coude, l'épaule et le tronc de Aite. Tori contrôle la tête de Aite de la main gauche tandis que la main droite bloque le poignet de Aite

5.
Tori avance la jambe droite et, en même temps, pousse le bras de Aite vers l'autre épaule en le projetant

KATATE DORI GYAKU HANMI SOTO KAÏTEN NAGE

1.
De la position de prise en Gyaku Hanmi, Tori sort à droite et, en tournant le poignet, entre directement sur le coude de Aite en le déséquilibrant

2.
Tori continue et amplifie le cercle commencé avec son poignet. Plaçant sa jambe droite en arrière, il coupe un arc qui amène Aite vers son centre

3.
La conclusion est identique à celle de la technique précédente

KOTE GAESHI

SHOMEN UCHI KOTE GAESHI

1.
Tori et Aite sont en garde spéculaire

2.
Aite avance le pied droit en chargeant le bras droit pour frapper en Shomen. Dans le même temps, Tori avance le pied gauche à l'extérieur de Aite et sort ainsi de la ligne du Shomen

3.
Le coup de Aite porte à vide mais son poignet est récupéré par Tori qui, pendant ce temps, a conclu le Tenkan en se plaçant derrière Aite

4.
Tori recule sa jambe gauche tout en effectuant une rotation des hanches qui, transmise au corps de Aite, déséquilibre ce dernier par un mouvement circulaire

5.
Tori avance le pied droit et achève sa rotation de hanche en créant un vide au flanc gauche de Aite, qui est alors projeté

6.
Tori pousse le coude de Aite vers son visage en le contraignant à se retourner face contre terre

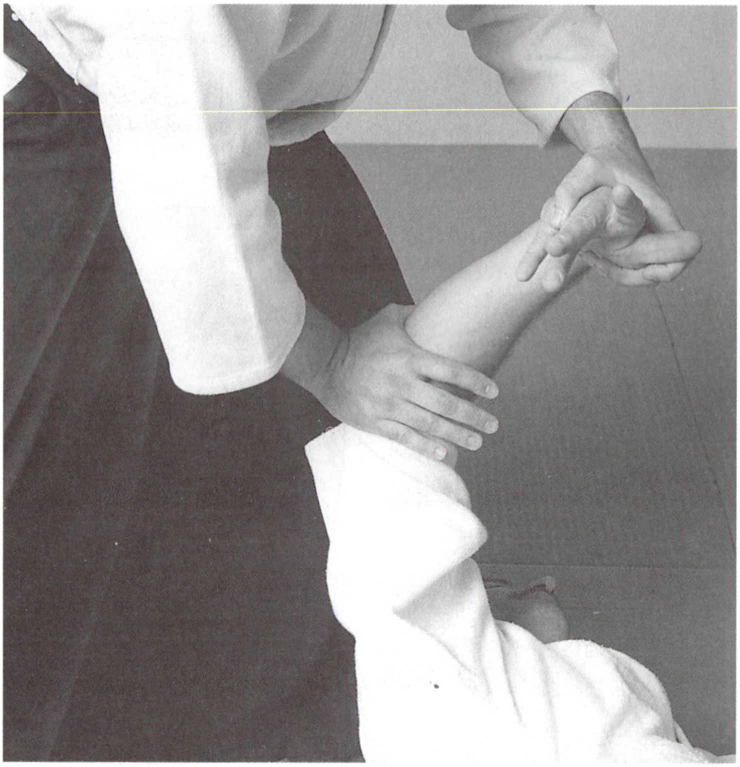

7.
Puis, pivotant sur le pied gauche, Tori exécute un Tenkan qui l'amène à droite de Aite. Tori appuie le dos de la main de Aite à l'extérieur de son genou gauche et pousse avec le centre vers l'autre épaule de Aite en le bloquant

KATATE DORI AÏ HANMI KOTE GAESHI

1.
Aite bloque Tori en Aï Hanmi

2.
Tori glisse à droite de Aite et, en même temps, le déséquilibre en lui tournant le poignet

3.
Tori avance la jambe droite en tranchant dans le vide au flanc droit de Aite qui tombe à terre

4.
Tournant le coude comme dans la technique précédente, Tori bloque Aite

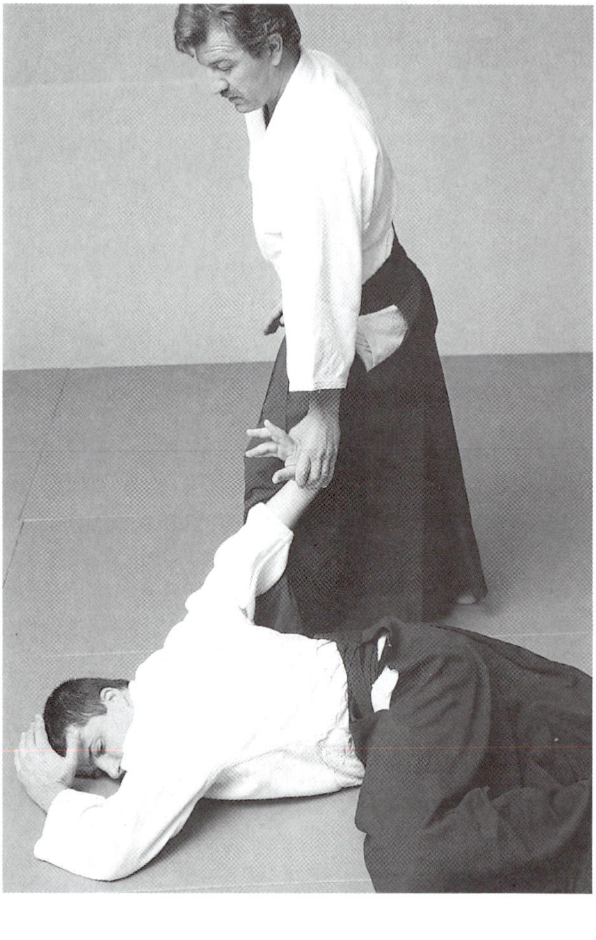

KATATE DORI AÏ HANMI KOTE GAESHI

1.
Aite bloque Tori en Aï Hanmi. Tori glisse en avant avec le pied droit, en ouvrant le coude droit de Aite

2.
Tori passe sous le coude de Aite en avançant le pied gauche, puis effectue une rotation des hanches de 180°

3.
Puis il avance le pied gauche et exécute un Tenkan du pied droit. Ainsi, en changeant la prise, il contrôle Aite de la main gauche. Cette rotation est appliquée au flanc droit de Aite qui perd le contrôle de son axe

4.
Tori avance le pied droit et pivote dessus en exécutant un Tenkan à gauche. Il inverse donc la rotation des hanches et tranche en même temps dans le vide au flanc de Aite qui est alors projeté

KOTE GAESHI (application avec bokken)

1.
Aite et Tori sont en garde symétrique

2.
Aite lève le bokken en chargeant pour frapper. Tori avance le pied gauche et s'écarte de la ligne de fente

3.
Tori pivote sur le pied gauche et exécute un Tenkan. En même temps, il prend le poignet droit de Aite en imprimant à son corps un mouvement rotatoire

4.
Tori déplace légèrement son pied gauche vers l'arrière et pivote dessus en tournant les hanches à gauche, ce qui déséquilibre Aite

5.
Tori tranche dans le vide au flanc de Aite et le projette à terre

6.
Conclusion de la technique

TENCHI NAGE

RYOTE DORI TENCHI NAGE

1.
Prise en Ryote Dori

2.
Tori sort avec la jambe droite et esquive la poussée de Aite qui se déséquilibre.
La main droite de Tori monte vers le visage de Aite, la gauche est bien positionnée au centre. Les épaules de Aite ne sont plus parallèles au sol, tandis que Tori pénètre dans son axe avec le flanc droit

3.
Tori continue l'entrée en diagonale dans l'axe de Aite qui est alors déséquilibré et tombe à terre

RYOTE DORI TENCHI NAGE

1.
À partir de la prise à deux mains de Aite, Tori tourne les hanches à droite et, en tranchant de la main gauche vers son propre flanc droit, il tire vers lui le flanc droit de Aite

2.
Tandis qu'il tire vers son flanc droit le corps de Aite, Tori avance le pied gauche et se place sur le flanc droit de Aite. En même temps, son bras droit ouvre le coude gauche de Aite et abaisse vers son centre le bras gauche, en déséquilibrant Aite

3.
Tori entre avec son flanc droit dans l'axe de Aite qui perd l'équilibre et tombe

KOSHI NAGE

RYOTE DORI KOSHI NAGE

1.
Aite prend Tori en Ryote Dori

2.
Tori met son pied droit en arrière en tournant les hanches à droite et contraint Aite d'avancer avec le pied gauche. En même temps, de la main droite il prend le poignet de Aite, le hausse et ouvre le coude, de telle sorte que l'axe de Aite se plie

3.
Il continue la rotation des hanches en insérant sa hanche droite sous le centre de Aite

4.
Tori accentue la rotation des hanches et tranche dans le vide devant Aite qui est projeté à terre

RYOTE DORI KOSHI NAGE

1.
Aite prend Tori en Ryote Dori

2.
Tori avance le pied droit, puis tourne les hanches à gauche. En même temps, il ouvre le coude droit de Aite et place sa main droite à son centre. Il peut alors insérer sa hanche droite dans l'espace créé devant Aite

3.
Tori tranche vers le bas, dans le vide, devant Aite qui est alors projeté

KATATE DORI YOKO HANMI KOSHI NAGE

1.
Prise de Aite sur Tori en Yoko Hanmi

2.
Tori ouvre à droite le coude gauche de Aite. En même temps, il avance le pied gauche et, en s'abaissant, insère son bassin sous le centre de Aite

3.
Il tranche du bras droit en dessinant une ligne circulaire devant Aite et le projette en tournant les hanches à gauche

KOSHI NAGE (application avec jo su tsuki)

1.
Tori est devant Aite en Migi Hanmi. Aite brandit le jo su tsuki

2.
Tori fait un pas à droite tout en empoignant le bâton

3.
Il pivote alors sur la jambe droite et exécute un Tenkan en plaçant sa hanche droite sous le centre de Aite. Ce dernier est alors déséquilibré

4.
Tori met le genou droit à terre en accentuant la rotation des hanches à gauche, ce qui a pour effet de projeter Aite

USHIRO RYOTE DORI AÏKI OTOSHI

1.
Tori prend Aite en Ushiro Ryote Dori. Tori tourne les poignets et ouvre les coudes de Aite

2.
Tori se déplace à gauche et met sa jambe droite en biais, derrière la base de Aite. Ce dernier est déséquilibré et totalement empêché de tout mouvement, car tout son poids repose sur la jambe droite

3.
Tori continue d'entrer avec les hanches en faisant tomber Aite

USHIRO RYOTE DORI JUJI GARAMI

1.
Aite immobilise par derrière les poignets de Tori

2.
Tori tourne les poignets et ouvre les coudes de Aite. Puis, soulevant son bras droit, il crée un vide à la droite de Aite, qui lui permet de glisser à l'extérieur. De la main gauche, il rappelle le côté gauche de Aite en le déséquilibrant

3.
Tori croise les bras de Aite en le bloquant en levier

4.
Imprimant un mouvement rotatoire aux hanches, Tori tranche dans le vide devant Aite et le projette à terre

USHIRO KATATE DORI KUBI SHIME JUJI GARAMI

1.
Aite bloque le poignet gauche et le cou de Tori

2.
Tori tourne le poignet gauche et ouvre le coude de Aite. Puis, tournant l'axe, il fait passer le bras gauche de Aite par-dessus son corps. Aite est déséquilibré

3.
Tori baisse son bras gauche et croise les bras de Aite en clé articulaire ; à partir de cette position on obtient la même projection qu'à la page 91

MUNE DORI HIJI SHIME

1.
Aite saisit Tori par le revers

2.
Tori sort en diagonale sur la droite en déséquilibrant Aite

3.
De la main gauche, Tori bloque le poignet de Aite et entoure son épaule d'un mouvement circulaire

4.
Toujours d'un mouvement enveloppant autour de l'épaule, Tori porte la spirale à son centre vers le bas. Les hanches accompagnent le mouvement en tournant à gauche

5.
Tori inverse le mouvement des hanches ; il place son pied gauche devant Aite et l'immobilise

HIJI SHIME TSUKI (application avec jo)

1.
Tori et Aite sont en garde gauche

2.
Aite brandit le jo ; Tori avance le pied droit et, tournant les hanches, évite l'attaque

3.
Tori continue la rotation des hanches. Enveloppant le bras et le jo, il met Aite en levier et l'immobilise

RYOTE DORI KOKYU HO

1.
Aite bloque Tori aux poignets

2.
À son tour, Tori met le pied droit à l'extérieur de Aite et, tournant les hanches, se rapproche en sortant de la ligne directe d'attaque

3.
Tori inverse la rotation des hanches en glissant de biais à l'intérieur de l'axe de Aite qui est alors déséquilibré et tombe

KATATE DORI GYAKU HANMI KOKYU HO

1.
Tori tourne le poignet et ouvre le coude de Aite

2.
Il met son pied droit à l'extérieur de Aite et tourne les hanches à gauche pour sortir de l'attaque. En même temps, il se rapproche de Aite et le déséquilibre

3.
Tori inverse la rotation des hanches en glissant de biais dans l'axe de Aite, ce qui le déséquilibre complètement

USHIRO RYOTE DORI KOKYU HO

1.
Tori tourne le poignet droit en ouvrant le coude droit de Aite

2.
Il pivote sur le pied gauche pour tourner autour du flanc gauche de Aite qui est alors déséquilibré

3.
Il continue de tourner en amenant son pied droit derrière Aite en exécutant un Tenkan du pied gauche. Aite, complètement déséquilibré, tombe à terre

RYOTE DORI KOKYU HO

1.
Tori tourne les poignets et, ouvrant les coudes de Aite, le déséquilibre en l'amenant vers lui

2.
Tori tourne les hanches de 180° et, abaissant la main gauche devant son centre, il déséquilibre Aite vers l'avant

3.
Tori accentue la rotation des hanches et Aite est projeté devant lui

RYOTE DORI KOKYU HO

1.
Tori tourne le poignet droit en ouvrant le coude gauche de Aite

2.
Tori sort de la ligne d'attaque par un pas en biais du pied droit. Au même moment, il avance le pied gauche et tourne de 180°. Il se retrouve alors au flanc gauche de Aite

3.
Tori tranche avec le bras droit devant lui et, en même temps, tombe à genoux en projetant Aite à terre

SUWARI WAZA

RYOTE DORI KOKYU HO

Dans ces deux séquences, Aite va saisir de l'extérieur les poignets de Tori et Tori va tenter de porter l'adversaire au tapis

Tori doit détendre les épaules et faire en sorte que la poussée parte de son centre. Avec les bras, il ouvre l'espace devant Aite pour arriver à contrôler son axe

La respiration doit être libre pour que soit utilisée la musculature avec le maximum de souplesse. Un effort brusque et immédiat a généralement pour effet une contraction de la respiration. Par conséquent, si Tori raidit les épaules en forçant avec les bras, il deviendra plus facilement la cible du contrôle de Aite

LEXIQUE

Aï (harmonie, union) : c'est le principe même de l'aïkido.

Aï (amour) : l'esprit de l'amour est l'esprit de l'harmonie. Il exclut l'égoïsme mais aussi la passion étouffante envers les autres, il est compréhension envers toute chose, amour compassionné pour toute chose.

Aï Hanmi (position réciproque) : position où les deux partenaires ont le même pied avancé.

Aïki (harmonie du Ki) : tous les éléments de l'univers surgissent d'une harmonie entre le Ki positif et le Ki négatif. L'aïkidoka tente d'harmoniser son Ki avec celui de son adversaire et celui du milieu dans lequel il se trouve.

Aïkido (voie de l'harmonie) : après des décennies d'une sévère discipline physique et spirituelle, le fondateur choisit ce nom pour définir son système personnel.

Aïki Jinja (temple de l'Aïki) : l'esprit du fondateur est vénéré dans cet édifice qui se trouve à Iwama, dans la préfecture d'Ibaragi.

Aïki Ken (technique Aïki de l'épée) : l'art de l'épée selon les principes de l'aïkido.

Aïki Okami (grand esprit de l'Aïki) : symbole suprême de ces idéaux pour lesquels le fondateur avait la plus haute estime.

Atemi (coup) : coup défensif utilisé pour neutraliser le Ki de l'adversaire, par exemple, lui faire perdre l'équilibre pour rendre certaine technique efficace. Ce coup n'a pas pour objectif de faire mal à l'adversaire.

Bu (ardeur martiale) : en aïkido, le bu signifie valeur et esprit indomptables, jamais rivalité ou conflit. L'aïkido est l'expression la plus haute du bu, dont la signification depuis le début est d'empêcher que deux armes n'entrent en contact l'une avec l'autre.

Budoka : pratiquant d'arts martiaux.

Chinkon Kishin (calmer l'esprit et retourner au divin) : technique particulière de méditation pratiquée par les fidèles de l'omoto kyo.

Chi No Kokyu (respiration de la terre) : seconde étape de la respiration-méditation.

Chokusen No Irimi (entrée directe) : technique Irimi consistant à entrer directement, par derrière, dans la garde du partenaire.

Daito Ryu : l'un des systèmes traditionnels d'aïki jutsu.

Do (voie) : au Japon, chaque art pratiqué pour développer les fonctions physiques et mentales est considéré comme un do, c'est-à-dire comme une « voie » d'harmonisation du corps et du mental.

Dojo (gymnase) : le nom désigne à la fois les temples bouddhistes et les salles où l'on pratique un do.

Doka Waka (chansons de la voie) : poèmes en vers de 5-7-5-7-7 pieds contenant un message spirituel. Le Fondateur a composé plusieurs doka pour présenter l'essence de l'aïkido.

Doshu (Grand Maître) : selon la tradition japonaise, cette charge se transmet de manière héréditaire. Le doshu actuel, Moriteru, est le fils de Ueshiba Kisshomaru et petit-fils du Fondateur.

En No Irimi (entrée circulaire) : technique Irimi qui consiste en une entrée avec rotation.

Fudo No Shisei (position immobile) : position debout ou assise caractérisée par une immobilité complète, imperturbable mais non rigide.

Gedan (niveau le plus bas) : l'épée (ou les mains), tenue au niveau le plus bas possible.

Gokyo : technique d'immobilisation n° 5.

Gyaku Hanmi (position inversée) : chacun des deux partenaires avance le pied opposé.

Hito (être humain) : « Un être humain est le fils de la Divinité, un temple vivant de ce qu'il y a de plus saint » disait le Fondateur.

Hombu Dojo (gymnase central) : situé dans un immeuble de trois étages, près du lieu d'origine Kokukan Dolo, dans la circonscription Shinjuku de Tokyo, c'est le quartier général des associations d'aïkido japonaises et internationales.

Iki (respiration) : désigne l'acte purement physique de respirer, tandis que kokyu se rapporte aux sens cosmologiques plus profonds et cachés de la respiration.

Ikkyo : technique d'immobilisation n° 1.

Irimz Nage (projection directe) : le deuxième des trois fondements des techniques de projection de l'aïkido.

Jiin No Kokyu (respiration humaine) : le troisième stade de la respiration-méditation.

Jodan (niveau supérieur) : l'épée (ou les mains), tenue au niveau le plus haut possible.

Jo Dori (saisir le jo) : technique pour désarmer un adversaire armé d'un jo.

Juji Nage (projection bras croisés) : projection exécutée quand les bras de l'adversaire sont croisés en angle droit.

Kaïden (diplôme de maître) : diplôme final obtenu dans le cadre de l'enseignement classique des arts martiaux.

Kamae (position) : c'est la position « de combat » à adopter pour affronter un adversaire.

Kami (divinité, esprit divin, sainte inspiration) : ce concept n'a pas de correspondant en terminologie religieuse occidentale. Kami sawa est l'expression utilisée par le Fondateur pour définir les principes de l'univers.

Kamiza : côté du dojo où se place l'enseignant pour le salut traditionnel.

Kansha (gratitude) : l'aïkido donne une grande importance au concept de gratitude, qui n'est pas réservée exclusivement aux instructeurs et aux pratiquants mais à tous les membres de la société et à tous les éléments de la création.

Kata (modèles fixes) : séquences préfixées de mouvements, utilisées dans les arts martiaux comme techniques d'apprentissage.

Katate Dori : prise avec une main.

Kenjutsu : technique de l'épée.

Ki (énergie vitale) : le souffle vital de l'univers. Ce terme n'a pas de correspondant en français. Élément essentiel de tous les aspects de la culture orientale (philosophique, médical, artistique, physique) dont la signification ne peut se comprendre qu'à travers l'expérience directe.

Kiaï (plénitude du ki) : sur le plan physique, il se manifeste par un hurlement pénétrant qui provient du plus profond de l'être. Sur le plan spirituel, il est la manifestation de l'énergie vitale.

Kikaï Tanden (centre abdominal) : le centre spirituel et physique qui, en Orient, est localisé environ cinq centimètres en dessous du nombril. En tant que source de la force physique et du pouvoir mental, il doit être stimulé par des exercices de développement du kokyu et du Ki.

Kimusubi (unir le Ki) : condition qui favorise une nouvelle vie. État qu'il faut parvenir à atteindre pour s'unir au Ki de toute autre personne ou chose. Lorsque le Ki d'un homme et celui d'une femme s'unissent dans le kimusubi, un autre être humain vient à la vie.

Kirihiraku (coupe et ouverture) : mouvements avec l'épée qui éliminent les contaminations et ouvrent un chemin vers la progression spirituelle.

Kirikami (premier diplôme) : attestation initiale délivrée en conformité avec le système classique d'enseignement des arts martiaux.

Kobukan : nom du gymnase de Tokyo où le Fondateur délivra son enseignement.

Kokyu (respiration qui revitalise) : concept comparable au concept hindou du Prana (respiration vitale du cosmos). L'homme se trouve en harmonie avec l'univers quand son propre kokyu est plein et profond.

Kokyu Ho (respiration-méditation) : un ensemble de techniques de méditations utilisé pour apaiser l'esprit et réaliser le vrai kokyu.

Kokyu Ryoku (pouvoir de la respiration) : la force irrésistible qui émane du vrai kokyu.

Kokyu Undo (mouvement de la respiration) : techniques utilisées pour développer le kokyu ryoku. Elles peuvent êtres exécutées en position assise (Suwari) ou debout (Tate), individuellement ou avec un partenaire.

Kote Gaeshi : projection avec torsion du poignet.

Kotodama (parole sacrée) : l'antique sagesse shintoïste du son sacré et de la parole.

Ma Aï (distance de combat) : distance appropriée entre deux adversaires. Elle varie selon leur stature et suivant le mode de combat, avec ou sans arme.

Makoto No Kokyu (vraie respiration) : synonyme de respiration-méditation.

Masakatsu Akatsu : « Si l'on agit selon la vérité, on en sort toujours victorieux ». L'une des expressions favorites du Fondateur, qui synthétise l'éthique de l'aïkido.

Menkyo (diplôme d'enseignant) : diplôme du troisième degré délivré dans le cadre du système classique d'enseignement des arts martiaux.

Misogi (purification) : la nature de l'homme, essentiellement pure et similaire à Dieu, est contaminée par diverses choses. À travers cette purification du corps et de l'esprit, il est possible d'enlever certaines « impuretés » et de retrouver sa vraie identité. Bien que les rites purificateurs prévoient l'utilisation de l'eau (une cascade, par exemple), le Fondateur a toujours considéré l'ensemble des techniques d'aïkido comme une forme de Misogi.

Mokuroku (catalogue des techniques) : diplôme de second degré délivré dans le cadre du système classique d'enseignement des arts martiaux.

Morote Dori : empoigner à deux mains. .

Nagare (flux) : projection du Ki durant l'exécution d'une technique.

Nikkyo : technique d'immobilisation n° 2.

Ninja-Ninjutsu : nom des agents secrets au service des seigneurs. Leur habileté au combat et à esquiver, devenue une sorte de légende populaire, a été amplement exagérée par la tradition orale.

Omote, Ura (mouvement en avant, mouvement en arrière) : les deux regroupements de base qui rassemblent la majorité des mouvements pour en faciliter la mémorisation. En réalité, la gamme complète des techniques comporte bien d'autres mouvements.

Omoto Kyo (enseignement de la Grande Origine) : religion fondée au début du vingtième siècle par Deguchi Nao et Deguchi Onisaburo. Le Fondateur fut un fervent adepte de l'omoto kyo dès l'âge de trente ans.

O Sensei (Grand Maître) : autre nom pour désigner l'Ueshiba Morihei.

Oshiki Uchi ou **Dome** : techniques du Daito Ryu Aïki-jutsu.

Rei (salut) : geste formel de respect et de gratitude exécuté par les pratiquants d'aïkido.

Ritsurei : salut debout.

Ryote Dori : prise des deux mains.

Sankaku No Irimi (entrée en triangle) : façon d'entrer de côté et, par conséquent, derrière l'adversaire selon un schéma en triangle.

Sankyo : technique d'immobilisation n° 3.

Sashin Yutaï : (avancer du gauche, reculer du droit) : mouvement classique des pieds en aïkido.

Seiki (force vitale) : la force vitale qui imprègne l'univers.

Seimei (vie) : dès lors que l'on est imprégné de Ki et de kokyu, on est en possession du seimei, la « vie ».

Seiza (position assise à genoux) : la position assise classique des arts martiaux.

Sensei (enseignant, maître) : terme utilisé pour nommer son propre instructeur.

Shiaï (combat mortel) : compétition contraire à l'esprit de l'aïkido. On la nomme ainsi dès qu'il y a opposition très nette avec l'esprit de l'aïkido, avec notamment une application des techniques pouvant créer une issue mortelle au combat.

Shihan (instructeur ancien) : terme utilisé pour désigner les enseignants du plus haut grade.

Shiho Giri (fendant dans les quatre directions) : le mouvement de base des techniques d'épée de l'aïkido.

Shiho Haï (respect dans les quatre directions) : à l'origine, il s'agissait d'un rite shintoïste adopté par l'empereur du Japon pour exprimer, dans toutes les directions, sa gratitude aux divinités. Le Fondateur interpréta Shiho Giri comme Shiho Haï et, ainsi, chaque « fendant » symbolise le respect et la gratitude pour l'univers (1), les parents (2), la nature (3) et ses semblables (4).

Shiho Nage (projection dans les quatre directions) : la première base des techniques de projection de l'aïkido.

Shikko : marcher sur les genoux.

Shimoza : à l'opposé du kamiza, côté du dojo où se placent les élèves.

Shinken Shobu (combattre jusqu'à la mort) : littéralement, le terme signifie « combat à l'épée », symboliquement il signifie « se projeter dans ce que l'on fait ».

Shomen Uchi : coup direct à la tête.

Shuren Dojo : nom du dojo fondé par O Sensei à Iwama, dans la préfecture d'Ibaragi.

Soto Mawari (couper dehors) : mouvement sur le flanc de l'adversaire.

Tachi Dori : techniques utilisées pour désarmer un adversaire armé de l'épée.

Taï Jutsu (techniques désarmées) : techniques exécutées sans arme.

Taï No Tenkan : rotation du corps.

Taï Sabaki (mouvement du corps) : les mouvements en aïkido doivent être fluides et naturels.

Take (ardeur martiale) : prononciation du caractère chinois bu.

Takemusu Aïki (source inépuisable de l'Aïki) : terme utilisé par le Fondateur pour inciter la créativité illimitée de l'aïkido.

Taninsu Gake (attaques multiples) : même si l'on pratique avec un seul adversaire, il faudrait toujours s'attendre à des attaques simultanées de diverses directions. C'est pourquoi, en taninsu gake, on s'affronte à deux ou plusieurs adversaires.

Tatami : tapis recouvrant le sol du dojo permettant d'amortir les chutes.

Tegatana (main-épée) : les techniques d'aïkido étant basées essentiellement sur celles de l'épée, la main (avec les doigts tendus pour projeter le Ki) assume les fonctions d'une épée.

Tenchi (ciel et terre) : expression commune en aïkido. Chacun doit s'imaginer comme un univers en miniature, enraciné dans la terre tandis qu'il se projette pour rejoindre le ciel. Il existe une large gamme de techniques dites de Tenchi Nage (projection ciel et terre).

Ten No Kokyu (respiration du ciel) : premier état de la respiration-méditation.

Uchi Deshi (disciple) : il vit dans le dojo et, vingt-quatre heures sur vingt-quatre, il attend le Maître.

Uchi Mawari : technique d'entrée entre les bras de l'adversaire.

Ueshiba Juku : nom du premier dojo du Fondateur, situé sur les terres de l'Omoto Kyo à Ayabe.

Uke (receveur) : l'adversaire qui subit ou reçoit la technique.

Ukemi (chute) : chute contrôlée après une projection.

Ushiro Waza (technique par derrière) : technique exécutée lors d'attaques par derrière.

Yokomen Uchi : coup latéral à la tête.

Yonkyo : technique d'immobilisation n° 4.

Zanshin (concentration non troublée) : c'est le « passage à travers » d'une technique, lorsqu'un pratiquant rejoint l'adversaire même après avoir été projeté au sol, à travers un flux ininterrompu du Ki, déjà prêt à recevoir une nouvelle attaque. Particulièrement efficace est le zanshin de Shirata Sensei.

TABLE DES MATIÈRES

Achevé d'imprimer en février 2003
à Santa Perpètua de Mogoda (Barcelone), Espagne,
sur les presses de A&M Gràfic, S. L.

Dépôt légal : février 2003
Numéro d'éditeur : 8125